"我的书屋·我的梦"编委会

2022 年

"我的书屋·我的梦"

农村少年儿童阅读实践活动优秀征文作品集

"我的书屋·我的梦"编委会◎编

湖南少年儿童出版社·长沙
HUNAN JUVENILE & CHILDREN'S PUBLISHING HOUSE

图书在版编目（CIP）数据

2022 年"我的书屋·我的梦".农村少年儿童阅读实践
活动优秀征文作品集 / "我的书屋·我的梦"编委会编 .—
长沙：湖南少年儿童出版社，2023.9
ISBN 978-7-5562-7055-2

Ⅰ.① 2… Ⅱ.①我… Ⅲ.①文艺－作品综合集－中
国－当代②作文－中小学－选集 Ⅳ.① I217.1 ② H194.5

中国国家版本馆 CIP 数据核字 (2023) 第 064404 号

2022NIAN "WO DE SHUWU · WO DE MENG" NONGCUN SHAONIAN ERTONG YUEDU SHIJIAN
HUODONG YOUXIU ZHENGWEN ZUOPIN JI

2022 年"我的书屋·我的梦" 农村少年儿童阅读实践活动优秀征文作品集

策划编辑： 胡隽宓 唐 龙   **封面插图：** 蔡 皋
责任编辑： 梁学明 唐 龙   **装帧设计：** 罗 歆 陈 筠
质量总监： 阳 梅

出 版 人： 刘星保
出版发行： 湖南少年儿童出版社
社 址： 湖南省长沙市晚报大道 89 号   **邮 编：** 410016
电 话： 0731-82196320
常年法律顾问： 湖南崇民律师事务所 柳成柱律师

经 销： 新华书店   **印 刷：** 长沙新湘诚印刷有限公司
印 张： 12.5   **字 数：** 250 千
开 本： 710 mm×1000 mm 1/16
版 次： 2023 年 9 月第 1 版
印 次： 2023 年 9 月第 1 次印刷
书 号： ISBN 978-7-5562-7055-2
定 价： 58.00 元

书灯和点灯的人

◎汤素兰

在众多文创产品中，我喜欢书灯。

书页打开，柔和的光从书页中散发出来，温馨、雅洁，又富于象征。书就是这样。它放在书架上，摆在书桌上，或者随意地扔在床头柜上、汽车后座上，毫不起眼，一旦你打开它，静静地读起来，就有光芒从书页中散发出来，照亮你。

德国作家赫尔曼·黑塞说："世界上任何书籍都不能带给你好运，但它们能让你悄悄成为你自己。"

在阅读《2022年"我的书屋·我的梦"农村少年儿童阅读实践活动优秀征文作品集》的时候，我深以为然。

这本集子的作者都是中小学生，他们在文章中，无一例外地写到了身边的农家书屋给他们带来的改变。

璐瑶是一名留守儿童，每年只能在清明节和春节才能见到父母，她的童年充满了思念和悲伤，直到遇到建在村里的书屋，她的内心世界才明亮、轻盈起来。如今，璐瑶已经离开农村，在城里读中学，她说："我不敢想象，如果不是遇到书屋，我会不会像一些留守儿童一样，沉醉在手机的世界里浑浑噩噩地虚度年华。南涧书屋抚平了我儿时灰暗的心绪，照亮了我的世界。"

而远在青海草原的毅博，通过建在牧民定居点的农家书屋，知道了牧民作家索南才让的故事。生长于青海省广袤草原上的牧民索南才让，只上到小学四年级就辍学回家放羊，因为一次偶然的经历，他喜欢上了文学，开始用笔描绘他所看到的草原、羊群、马鞭等事物，后来他的中篇小说《荒原上》获得鲁迅文学奖，他成为青海省第一个荣获鲁迅文学奖的牧民作家。索南才让的故事让毅博重新审视自己的环境和生活，他说："草原上的牧民儿女与生活在大城市的孩子相比，并不缺少那颗发现自然、观察自然和享受自然的童心。"

农家书屋也是孩子们点燃梦想的地方。

四川眉山的馨怡上一年级的时候，在农家书屋里读到一本注有拼音的诗集，作者是我国著名儿童文学作家金波。金波爷爷在《鲜花和星星》一诗中写道：

我最喜欢

夏天满地的鲜花：

这里一朵，

那里一朵，

真比天上的星星还多。

到了晚上，

花儿睡了，

我数着满天的星星：

这里一颗，

那里一颗，

真比地上的花儿还多。

合上诗集，小馨怡再看遍布村路上的野花和夜晚满天的星星，有了和以前不一样的感觉。于是，这优美的诗句，如一粒种子落进了小馨怡的心里，她说："长大后，我要成为一名诗人！"

在湖南常德，有一座农家书屋，就建在我的朋友宋庆莲的家里。多年前，湖南省作家协会评审当年的重点扶持作品，一部散发着泥土芬芳的童话《米粒芭拉》吸引了我。通过这部童话，我认识了庆莲。庆莲是一位普通的农村妇女，丈夫外出打工，她在田间地头劳动，操持家务。但庆莲又不普通，每天夜里，她总在电脑前写稿。她写诗，写童话。慢慢地，庆莲的作品发表出来了，她的生活也得到了改善。庆莲是在湘西的山寨中长大的，她小时候特别渴望书籍，但她生活的山寨却没有阅读条件。童年时期对书格外渴望的经历，让她特别关心乡村孩子的精神世界。她觉得把书带回乡村，就是把希望和梦想带回乡村。当村里要建农家书屋的时候，庆莲腾出自己的房子，让书屋建在自己的家里，她还义务担任孩子们的课外辅导员，引领孩子们走进书的世界。

建在祖国各地的农家书屋，离不开许许多多像庆莲一样朴实的人的奉献，他们就像点灯人，将千万盏书灯点亮，照亮乡村孩子们童年的天空。

（作者为儿童文学作家、湖南省作家协会主席、湖南师范大学文学院教授）

目 录
CONTENTS

1

中学卷

小学卷

我的书屋·我的梦

◎王宁美

我是一个名副其实的"小书虫"。在我三岁那年，妈妈带我到首都图书馆办了一张"联合读者卡"。有了这张卡，我就可以在首都图书馆和大兴图书馆看书、借书。可是，首都图书馆太远，大兴图书馆也不算近，我常常梦想着要是在家附近有一家图书馆就好了。

终于有一天，我在小区西侧发现了"文兴书苑"，它竟然是大兴图书馆在小区设立的书屋。从外观看，它普普通通，我兴奋地走进去，里面却别有洞天。一进门，映入眼帘的是一排排书架，上面挤满了大大小小的书。我跑过去一看，书的种类还真全，有小朋友喜欢的绘本，也有大部头名著，还有各类报纸杂志。屋子中间摆着几张小矮桌，矮桌旁放着几张蒲团，散发着蒲草特有的清香。我继续往前走，前面是一排放着耳机的桌子，这是用来听书的。再往里，有几张办公桌，是一个公共办公区域，有充电口，还提供免费Wi-Fi（移动热点）。这里的环境十分干净、明亮，让我感觉平静舒适。自从发现这个便利的书屋后，我经常在放学后来这里看书，我时而为"父与子"的欢乐日常而开怀，时而为"马小跳"的调皮会心一笑，时而为"鲁滨孙"面对困难时的坚忍不拔而赞叹，时而为报纸上的好消息而骄傲……弹指一挥间，我已经从那个只会让妈妈念绘本的"小豆芽"，长成一个"博览群书"的"小树苗"，这个"小树苗"还特别喜欢和同学们分享读书故事。大家都很好奇，我怎么会讲那么多故事，怎么总有那么多奇思妙想。这都归功于书屋。慢慢地，来到书屋的孩子也越来越多。

不知不觉，我发现大兴的书屋越来越多，有的建在社区，有的建在村里，有的建在学校旁，有的建在商圈，有的建在工业园区……空闲的时候，我总想叫爸爸带我去体验一下。长子营镇潞城营二村"文兴书苑"24 小时开放、全年无休、无人值守、刷卡进入；村里的"益民书屋"干净整洁，有小孩子爱看的文学图书，有农民伯伯爱看的科普图书……多种多样，让人目不暇接；枣园的"文兴书苑"以红色主题教育为特色，放置的大部分是红色题材的图书；清源北路兴舍二层的"文兴书苑"则布置了"悬梁刺股""大兴开往雄安的绿皮火车"等场景……一个个书屋就在我们身边，大家阅读越来越方便，每天有许多人来到书屋。

等我长大了，我也要开一间 24 小时开放的书屋，让每一个爱读书的人都能在此享受安静温馨的读书时光，在书海里尽情遨游，在书本里汲取知识和力量，去创造美好生活。

学　　校：北京市大兴区北京小学翡翠城分校
指导教师：陶美玉

书山　金山　银山

——书屋，新农村的幸福梦

◎ 肖雅菡

如果我是一棵小树，那么书就是灿烂的阳光，它照耀着我快乐成长。我生活在农村，只要一见到书就兴奋不已，听说村里建起了农家书屋，我便央求着妈妈带我去，去过一次之后，我就成了那里的常客。

书屋，藏着我童年的梦想。坐在书屋里，我翻阅着一本本童话故事书：读到《卖火柴的小女孩》，我竟不知不觉地流下了泪水，我们年龄相仿，生存境遇竟如此不同，令我深思；读到《皇帝的新装》，我不禁思考，怎么会有这样愚蠢的皇帝和大臣，两个骗子不断编造谎言真是令人啼笑皆非。我也读成语故事书，《掩耳盗铃》《刻舟求剑》《南辕北辙》……一篇篇成语故事让我领悟到了许多人生哲理。

书屋，孕育着我们家庭的致富梦。每当我翻阅到关于农业种植方面的书，我总是忍不住在饭桌上把我看到的内容与爸爸妈妈分享，有时我们还会发生争论。记得有一次，我和爸爸妈妈说到玉米栽培，我说要种植适合当地的品种，要有适当的行距、株距，还要有相应的养护措施。以我们辛集为例，适合种植的玉米良种是"农大372"，它具有抗病、抗旱、产量高等特点。于是，我家这年种了20亩"农大372"。收玉米那天，我们全家人都笑了。还有一次，我在书屋读到了皇冠梨的栽培与管理方法，正好我家有5亩梨园。于是，经过讨论，我们对剪枝、施肥、授粉、打药、套袋等一系列事项进行了优化，那年我家光靠皇冠梨就收入5万元。书屋，让我们尝到了用知识创造财富的甜头。

书屋，酝酿着新农村的幸福梦。我常带同学一起畅游书屋。一来二去，我们这些"小书迷"和书屋里的大叔大婶成了好朋友。每当聊起家乡的变化，大叔大婶们脸上总会洋溢着自信与幸福的微笑。通过书屋，他们学到了知识，又把知识转化成了建设新农村的巨大驱动力。如今，我们村里有笔直的柏油路、敞亮的农家院落、宽阔的娱乐休闲广场；家家户户有洁净的厨房、改建后的家庭卫生厕所。村民们用动听的歌声、曼妙的舞姿表达着由衷的快乐，颂扬着这十年来农村发生的巨大变化。每当夜幕垂下，街道上华灯璀璨，这种感受就更强烈了。

书屋，生长着我的飞天梦。每当我翻阅着科技方面的图书，不由得联想到我国这些年来的重大科技突破：暗物质粒子探测卫星"悟空"号、量子科学实验卫星"墨子"号成功发射；射电望远镜、北斗导航系统建设运行；高铁"和谐号""复兴号"高速奔驰……一系列科技成果让我自豪不已。这也让我从小就树立了一个远大志向，那就是长大后当一名航天员，用我学到的知识为祖国的繁荣昌盛贡献力量。

　　读书真好，我喜欢我们家乡的书屋。拥有了书屋，我就拥有了整个世界；拥有了书屋，我就拥有了美好的明天！

学　　校：河北省石家庄市辛集市和睦井乡豆家庄小学
指导教师：张　曼

农家书屋，陪伴我成长

◎李怡瑶

调皮的我，不甘被束缚，无论大人要我去做什么事，我都会不由自主地唱反调。考试没考好，家人竟然说是因为我太闹腾，静不下心来看书。这不，他们想到了我们村里的农家书屋，认定那里是调教我最好的地方。

我知道那个地方，以前也去过，但我一点也不想去：那里满满的都是各种各样的图书，还有一位貌似很凶的管理员。因为调皮，我在书屋里干过不少"好事"，没少被他灌"鸡汤"，难受极了。有时间，我宁愿去摘野花，捉蝴蝶，跟小伙伴们玩……每次被老妈捉到书屋，我都会想各种办法逃离。

但是这次不行了，老妈下了"死命令"，必须在书屋待一个小时！

推开门，里面的场景真让我吃了一惊——士别三日，当刮目相待，这书屋有了别样的气氛：桌上摆着绿色盆栽，书架上的书摆得整整齐齐，书屋里人不少却安安静静，几乎听不到什么声音。白发苍苍的老爷爷老奶奶，戴着老花镜，用心地阅读；年轻的妇女，翻阅着各种杂志；不少小孩子，捧着童话书，盘腿而坐……好一幅和谐的画面。我也被这种气氛感染，情不自禁地找了一本书，坐在地上看了起来……

不知不觉，我已经沉迷到书中了：《红飘带狮王》让我懂得进步要付出努力，《列那狐的故事》让我明白聪明的头脑要用来做有意义的事，《论语》让我懂得为人要谦虚、和善，《中华上下五千年》让我了解到祖国五千年灿烂的历史文化。每本书都有着不一样的故事，讲述着无穷的道理。潇洒的诗歌、优美的散文、精彩的小说、奇特的漫画、天真的童话……无不让我陶醉。我竟然忘记了时间，忘记了身外的事物。

老妈叫我时，我才不得不离开书屋，瞥了一眼管理员的桌子，那上面摆放着一本本超级厚的书，他看了多少书啊！此时，我满心敬佩与崇拜。

从此以后，去书屋成了我生活的一部分。只要有空闲，我就会待在书屋里，在书海里畅游。饭和书，现在都是我的食粮，一日不可或缺。书屋，俨然成了我的第二个家！是书屋，教会我求知与好学，教会我做人与求真；是书屋，陪我度过天真无邪的童年，还将陪我度过青涩懵懂的花季。

每一处地方，都有一道独特的风景，在我眼中，我们朝阳村的书屋就是最美的风景！

学　　校：山西省晋中市太谷区胡村镇朝阳学校
指导教师：赵　艳

我的书屋·我的梦

◎张艺轩

古人云："腹有诗书气自华，读书万卷始通神。"读书不仅能让我们学习知识、开阔眼界，还可以启迪智慧、陶冶情操。

我的书屋既普通又奢华，说它普通，是因为不足二十平方米的房间里除了一张大大的书桌和一张单人床外，剩下的就是各种材质、样式的书架：木质的、钢架的、塑料的，固定的、移动的、旋转的……它们见缝插针地摆放在各个角落，显得有些凌乱和拥挤；说它奢华，是因为书架上摆满了丰富的精神食粮。我在书海里畅游，见识不一样的世界，跟先贤对话，为历史高歌。在这里，我一个人偷偷哭过，也放肆地笑过，读完一本书，做一个美丽的梦；也是在这里，我收获了信心与力量。这是属于我一个人的天地，是世界上最温暖的"安乐窝"。

记事以来，我收到的第一件生日礼物就是爸爸送的《现代汉语词典》，又厚又重。刚上幼儿园的我，对这个礼物实在不感兴趣。爸爸说："开蒙启智，从今天起我们要陪你一起读书啦！"从此以后，爸爸妈妈便陪我一起识字、读绘本。我渐渐地喜欢上了读书，也经常和家人分享我读书的体会。往后我每年收到的生日礼物都是一套书，但是我仍然充满了期待。

在我的家里，每个人都爱读书。爸爸喜欢的是人文、历史、哲学、经管类的大部头著作；妈妈喜欢的是瘦身、养颜、厨艺、亲子类的生活书籍；妹妹喜欢的是图画、绘本、手工制作类的儿童图书；而我读的书很杂，动物小说、冒险故事、自然百科……不一而足。要说我最喜欢的，还是各种漫画书，它们通俗易懂、幽默搞笑。爸爸却对我的这一阅读爱好不以为然，把我喜欢的漫画书藏起来，一次次劝我多读一些有营养的书，比如《史记》《资治通鉴》等。为此，我们之间发生了很多不愉快。

有一次放学回家，我看到爸爸趴在我的书桌前翻着一本书，时而频频点头，时而哈哈大笑。定睛一瞧，原来老爸看的，正是我一直爱看的漫画书，我既高兴又感动，爸爸终于愿意放下偏见走进我的世界了！渐渐地，我的书架上多了很多漫画书，有自然百科的、人文历史的、幽默搞笑的、成长励志的……

我也尝试着阅读爸爸给我推荐的书，结果深深地被书中的故事所吸引，仿佛自己就置身于那个波澜壮阔的时代。我赞叹诸葛亮的神机妙算，惋惜屈原的生不逢时，敬佩岳飞的精忠报国，痛恨秦桧的卖主求荣……读得越多，我和爸爸的共同话题就越多，书籍，成了拉近我和爸爸距离的桥梁！而我的"安乐窝"也不再属于我一个人啦，它是我们全家人的！我们一起读书，分享书中的故事，交流读书的体会，编织着既属于个人又属于我们家的幸福梦！

学　　校：内蒙古自治区鄂尔多斯市鄂托克旗桃力民小学
指导教师：王　丽

晚读
喜看新世纪
牧童变学童

云南／李贵群　绘

农家书屋，精神富足

◎白佳鹭

"十一"假期我到农村舅舅家玩，满院子也没见到舅舅的身影。小表弟笑嘻嘻地说："爸爸去上学了。"舅舅？上学？我顿时哈哈大笑起来。舅妈边笑边说："你舅舅可用功了，不信你们去看看。"小表弟拉着我就直奔村部去。

进了村部，我就听见一个房间里传来了一阵争论——

"大棚草莓浇水必须勤一点。"

"别扯了，书上都说了，十天施肥浇水一次。"

…………

我进屋一看，只见舅舅拿着一本书与一位伯伯争论呢。小表弟说："爸爸，我们也来看书了。"舅舅冲我们笑："丫头来了，我们忙着呢，你们自己找书看。"小表弟直奔儿童读物书柜，选了一本漫画版《西游记》津津有味地看了起来。

我仔细观察，这个书屋大约有 50 平方米，中间有两排背靠背的木椅子，四面靠墙各摆放着一排斑驳的书架，有"红色专栏""科普常识""种植技术""儿童读物"等十多个种类，木椅子上坐满了看书的人，没有座位的就拿着一本书倚靠在书架旁，时不时还相互交流一番。

我悄悄问表弟："舅舅是啥时候喜欢上看书的呢？"表弟说："去年冬天，爸爸种草莓赚钱了，我那辆自行车就是爸爸给我买的，一千多呢。今年他想多赚一点，再买一台小汽车。喏，这不是抓紧看书学技术嘛！看书也不错，我现在都不玩手机了，这里的童话、寓言、漫画都特别好看，好几次期末考试的附加题我都在这里看过，我真喜欢这个书屋。"听完表弟的话，我心头一暖，抬头看了一眼舅舅，只见他聚精会神看着书，一会儿眉头紧锁，一会儿嘴角上扬，还时不时与身边的人讨论着什么。周围的人大多是舅舅从前的酒友、牌友，现在他们都如饥似渴地翻着书，果真是"书中自有黄金屋"啊。

国家为了丰富农民的精神文化生活，在村部建立了农家书屋，提倡全民阅读，把农民从酒桌、牌桌上吸引到书屋里，让他们从一本本书中收获一个个致富的梦想。这小小的农家书屋，虽然简单质朴，但是里面的人却怀揣梦想、精神富足；这小小的农家书屋，既是舅舅的书屋，更是我们的书屋，里面有舅舅的梦，还有我们的梦，我们的中国梦。在这小小的书屋中，我们以书为舟，以梦为马，手握一缕书香，乘风破浪、扬鞭奋蹄，共逐中国梦。

学　　　校：辽宁省鞍山市岫岩满族自治县岫光小学
指导教师：刘　彦

我的书屋·我的梦

◎曹芮溪

在我家的一个角落，有个木制书架。我不曾装饰过它，它却如此耀眼，让我的心变得充实。

从我会说话起，妈妈就教我识字、读诗、看书。那时候，我是个调皮的小孩，不愿意看书，就把书撕成一条条的，玩得不亦乐乎。妈妈看到满地纸条并没骂我，也没打我，而是耐心地对我讲："宝贝，书也是有生命的，每本书都有一个小精灵来守护它，你把书撕了，小精灵不会伤心吗？书能让你开阔眼界，帮你认识这个世界。"听了妈妈的话，我觉得很惭愧。从此以后，我一有时间就拿起书安安静静地读。每次去书店，我都会买几本自己喜欢的书。有一段时间，我迷上了有关探案的书，比如《名侦探柯南》《真相只有一个》《福尔摩斯》等，读的时候，我感觉自己仿佛是故事中的人物一样，过足了侦探瘾。

在我们村的村委会，有一个很大的房间，里面是各种各样的书。我觉得这个书屋如同一间"小黄金屋"。"小黄金屋"是我的知心朋友，是我的老师，是我的充电房。每当心中有烦恼，我就会来到"小黄金屋"，找它倾诉，找它做伴，让它教我明事理，让它为我指点迷津。到了暑假，我更是像一条小鱼，没事就钻进"小黄金屋"，畅游书海。有一次，我随手拿起《鲁滨孙漂流记》读了起来。我越读越着迷，心不自觉地被书中的故事情节牵动。我为鲁滨孙的不幸遭遇心生同情，又对鲁滨孙坚持不懈、不怕困难的精神品质产生了敬佩之情。读完这本书我明白了：要成就梦想，遇到困难时就不能退缩，要勇敢面对。书屋使我看到了更广阔的世界，使我触碰到了人性的深处。它见证了我的成长，给予了我慰藉，让我开始有了梦想。

书山有路勤为径，学海无涯苦作舟！我用这句名言激励自己攻克学习上的一个又一个难关，在知识的天空自由翱翔。感谢你，书屋！是你让我开阔了视野，是你让我增长了见识，是你让我学到了知识，是你让我明确了梦想，是你让我的生命变得更有意义。书屋，感谢你的一路陪伴。

学　　校：吉林省长春市绿园区跃进小学
指导教师：张鹤杰

旭日东升　扬帆起航

◎王浩博

　　听着老师带领同学们读书的声音，我心不在焉。读书有什么用？在我眼中，读书还不如找小朋友出去玩呢！小时候，妈妈给我买了很多书，那些书大多枯燥无味，一点意思都没有，还让我渐渐对读书有了排斥心理。

　　好不容易熬到放学，我独自走回家，脚下踩到了什么东西。我低头一看，是一张淡蓝色的纸，上面写着"好消息，书屋开业了"。我看了看，不屑地把它丢进垃圾桶里，继续赶路。路过村头的时候，我看到了那间叫作"东北彼岸"的农家书屋。透过窗户可以看见书屋内的情况，在好奇心的驱使下，我还是走了进去。

　　书屋不大，但干净明亮，四个大书架上装满了书，还有两条长凳子。我随手拿了一本书，本来只是想看看插图就放下，可是书上的文字却像吸铁石一样，吸引了我。这一刻，我对书的排斥心理烟消云散，竟入迷地读了起来。

　　不知过了多长时间，有人在叫我的名字，我抬头一看，原来是我的父母。正午已过，他们是来找我回家吃饭的。我恋恋不舍地把书放了回去，又看了一眼书屋，才一步三回头地离去。妈妈从上到下打量我，我猜她肯定在想：太阳从西边出来了吗，这孩子怎么看起书来了？

下午，当我再次来到书屋时，凳子上已经坐满了人，有七八岁大的儿童，有年过古稀的老人，有二三十岁的青年，但是更多的还是和我差不多大的少年。见一位老爷爷手里攥着一些钱，我恍然大悟，也想回家去拿钱来买书，却听见一位姐姐说："到我们这里看书是免费的，这是国家的新政策，是不收钱的。"听到这话，我心里别提有多高兴了，赶紧挑了一本书，席地而坐。

从前在我心中枯燥无聊的书，现在如同泉水一般滋润着我的心灵。我感叹书籍的魅力，让我这像野马一样的孩子，变得如此安静。

此后，每个双休日或学校放假的日子，我都是三分之一的时间睡觉，三分之一的时间读书，剩下三分之一的时间干其他事情。

这个农家书屋里的书非常多，有童话书、漫画书，有长篇小说和诗集，有关于种地和理财方面的书，也有适合老年人看的保健书……管理员说一共有 8000 多本书呢！

时光过得飞快，我马上就要转到县城去上中学了，想到要离开"东北彼岸"农家书屋，我还真有点舍不得。我把从书屋借的书还了回去，躺在床上辗转反侧，一夜未眠。走的那天，我依依不舍地坐上车，没有再看书屋一眼，因为我的眼中满含泪水，如果再看一眼书屋，我怕我没有勇气离去，会大哭出来。

到了县城，我参加了开学考试。在考场上，我仔细地读着题，生怕做错一道题而落榜。做到最后一道附加题时，我听到身边一片唉声叹气的声音。

那是一道关于海洋生物的题,我一下子蒙了,随后我想起《海底两万里》这本书里介绍过这种生物,于是写上答案。后来考试成绩出来,老师说我是唯一写出那道题答案的学生。

又过了一段时间,学校举行"喜迎二十大,学党史,感党恩"知识竞赛。我踊跃报名参加。赛场上高手如云,我也不甘示弱,自信满满,凭借在书屋学到的知识,荣获二等奖。

一个学期很快就过去了,放暑假了,我还清晰地记得夕阳拉长了我的影子,我含着泪奔回家乡、奔向书屋的样子……

在书屋里,我读到了很多好书,学到了很多知识:《海底两万里》为我揭示了海洋的秘密,让我了解了海底的辽阔,认识了不少海洋生物;《西游记》让我明白了什么是坚持和团结;《中华上下五千年》让我了解了祖国的发展历史,更加热爱祖国;《钢铁是怎样炼成的》教会了我坚韧和执着……

书屋啊,你让我的梦想如旭日东升,你让我的梦想扬帆起航!你是我梦想的加油站、领航员,你给予了我崭新的世界,让我在求知的路上飞向远方。

学　　校:黑龙江省大兴安岭地区塔河县第二小学
指导教师:许　放、许　颖

在城市书房走进郊野

◎ 张涵玥

俗话说："书中自有黄金屋，书中自有颜如玉。"我很幸运，有自己的小书屋，它就是位于上海市闵行区浦江郊野公园奇迹花园区的城市书房。

我与它第一次见面是在去年春日的一个周末。那时，我无聊地看着平板电脑，妈妈看见我这副样子，说："我带你去个地方，那儿有许多你没看过的书，你想不想去？"我一听有我没看过的书就来劲了，毕竟家里的书我都翻了个底朝天，我可不能放过这个好机会。于是，我便兴冲冲地跟着妈妈来到了郊野公园的城市书房。

一进书屋，我就被眼前的景象给震撼了！这里有一万五千余册图书，开辟出借阅、自习、主题和活动四个区域，更有大面积的落地玻璃，可以将奇迹花园城堡和花景尽收眼底。听妈妈说，这里还是全上海唯一有特色主题的书房，有与花卉、昆虫相关的科普图书千余册，还向读者展示各种昆虫、植物标本。

我的梦想是成为一名野生动物保护专家。当我拿着蕾切尔的《寂静的春天》细细品读，看到书中那段"被农药杀死的鸣鸟，包括那些最漂亮、最受人类喜爱的种类，如黑白林莺、黄林莺、木兰林莺和栗颊林莺"时，我体会到了作者在以全新的视角阐释着人与自然的关系，强调自然生态系统平衡的重要意义。捧起沈石溪的《动物小说大王》，我进入了精彩纷呈的动物世界，感受到一个个动物的喜怒哀乐。

这就是我喜爱的书屋。书屋，我要感谢你，感谢你增长了我的知识，使我离梦想又近了一步。我爱你，书屋！

学　　校：上海市闵行区浦江第二小学
指导教师：瞿晓燕

给玉颖的一封信

◎李笑薇

亲爱的玉颖：

你好！

我快两年没看到你了，我一直惦念着你，你还好吗？

现在我在社区新建的一所书屋——小石城书屋，写这封信时，我的心情仍然难以平静，你肯定好奇是什么原因。我在书屋读书时，无意间看到几张苏州的黑白旧照片，突然想起你，记得你曾对我说："上有天堂，下有苏杭，以后我一定要去你生活的城市——苏州，看看它是不是人间天堂。"

玉颖，如果不是亲眼看到这几张照片，我真不敢相信：中华人民共和国成立前的苏州是个充满硝烟的地方，这些照片更让我坚信今天的苏州是一个人间天堂。

有一张照片记录了日军轰炸苏州的场景，苏州百姓伤亡众多，房屋被摧毁，瓦砾遍地，人们无家可归，场面万分悲惨。另一张照片记录了发生在太湖达芦苇荡中的战争场面，那时的芦苇荡，白天湿热，夜晚阴冷，而苏州的战士们为了保卫家园，在这里与敌军展开了殊死搏斗，不眠不休地战斗了好多天。

玉颖，看到这些照片时，我呆住了，内心久久不能平静，有多少人用生命铸就了苏州这座城？如今，苏州已经成为中国最具活力的城市之一，因古韵今风交融而扬名中外。

晨曦微露，我们可以伸个懒腰，沿着环护城河步道去散散步；闲暇时光，我们可以沿着太湖芦苇荡，看看风景；我们可以穿过干净整洁的马路，走进一家百年老字号，吃一碗香喷喷的苏式面；亲朋好友来了，我们可以去苏州园林逛上一圈又一圈……苏州这座城，在静水流深中激荡着生机与活力，新的故事正在这里悄然发生。

玉颖，我总以为历史离我们很远，但是在这间小小的书屋里，我又仿佛闻到了刺鼻的硝烟味，听到了芦苇荡的风声。这一切多么来之不易啊！今天翻天覆地的变化凝聚着革命先烈的血泪，一代又一代共产党人披荆斩棘、砥砺前行，我们才有了今天的幸福生活。我为今天的苏州骄傲，我们没有辜负先烈的殷切期望。

　　玉颖，我相信你也会喜欢苏州这座城市，期待与你在苏州相聚的日子。我会带你来到这间小小的书屋，一起探索这座美丽城市的光辉历史。盼你我早日相见。

　　此致

敬礼！

你的老朋友：笑薇

2022 年 7 月 31 日

学　　校：江苏省苏州市吴中区南京师范大学附属苏州石湖实验小学
指导教师：吴佳怡

云南 / 杨宗宇　绘

"百变"农家书屋

◎李科谋

一到暑假，我的心就被农家书屋牵走了。在这里，我不仅可以借阅各种心仪的图书，它还悄悄地变着"戏法"，伴我快乐成长，不信你瞧——

变身"课外辅导站"。在农家书屋"七彩的夏日"暑期课外辅导班上，有亲切可爱的大学生志愿者，给我们讲解和辅导暑假作业；有经验丰富的阅读推广老师，和我们共读一本书；有书法爱好者，带着我们练习一撇一捺……我印象最深的是农家书屋管理员用有趣的短片、丰富的游戏等形式来普及安全常识，让我们在轻松愉悦的氛围中明白不能私自下水游泳，不能玩火，不能玩电。

变身"科普知识站"。在农家书屋开展的"中国天眼"科普实践活动中，通过一幅幅图片和讲解员的生动解说，我们了解了"中国天眼"和各种望远镜的知识，为"中国天眼之父"南仁东教授"22年只做一件事"的事迹感动；通过制作望远镜模型，我们在心里埋下了一颗科学的种子……回家后，爸爸趁热打铁，帮我买了一架天文望远镜。每当夜幕降临，我们全家人就凑在望远镜前，探索那神秘又美丽的星空。

变身"红色加油站"。我参加了农家书屋组织的红色主题阅读活动，村里的解放军爷爷用略带乡音的普通话，缓缓地给我们讲述"三块银元"的红色故事，我们聚精会神地听着，仿佛来到了故事中的世界。农家书屋管理员还带我们参观了村里的荣誉室，组织我们观看红色电影《闪闪的红星》。这次活动让我收获了从未有过的感动，并暗暗下定决心：一定要听党话，感党恩，跟党走！

变身"护苗工作站"。农家书屋开展"护苗绿书签"活动，我们观看了微动画《护苗就找 12390》，听了网警姐姐介绍如何识别网络诈骗、如何防止沉迷网络游戏，参与了绿书签制作活动。在网络时代，这次活动真是一场"及时雨"，让我们了解了非法出版物和非法上网的危害，学会了更好地保护自己！

"百变"的农家书屋不仅成为我暑期生活的"幸福驿站"，还让我增长见闻，开阔视野，坚定信念，健康成长。

学　　校：江苏省南通市通州区金沙小学
指导教师：徐湘峰

家乡伴我成长　书屋给我力量

◎于　艺

新农村，新面貌。

之前我家乡的所有道路都坑坑洼洼，没有路灯，每当夜幕降临的时候，到处一片漆黑。村庄看上去光秃秃的，没有花草树木，环境卫生也很差，生活垃圾随处可见，没有广场，也没有健身器材。

现如今家家户户门前都通了宽阔的水泥路，道路两旁也安装了明亮的路灯，并种上了各式各样的花草树木。每到花儿盛开的季节，到处可见五颜六色的花朵，人们像生活在公园里一样，空气格外清新。村里还建了宽阔的广场，广场上安装了各种健身器材，每到傍晚总会有很多村民到广场上来玩，有跳广场舞的，有打羽毛球的……大家玩得不亦乐乎。环境卫生水准也有了很大提升，村里建了垃圾回收站，添置了很多垃圾桶，还配备了保洁员。大家的环境保护意识提高了，大家会自觉地对垃圾进行分类处理。

让我感到变化最大的还是我们村里新建的农家书屋。我第一次来农家书屋，是跟爸爸一起。那是一个风和日丽的下午，阳光洒在满屋子的书籍上，我仿佛置身在书海中，闻到了阵阵墨香。

我刚上小学时很喜欢看书，但家里的书总是不够看。那时候，我就想，要是村里有一个可以让小朋友读书的地方就好了。现在村里建了农家书屋，里面有成百上千种图书，我的愿望实现了。每到周末，我都会到农家书屋阅读及借阅。

我在农家书屋里读了高尔基写的《童年》。这本书告诉我，每个人的童年都是不一样的，有喜有悲。从中我们应该有所收获，学会自强，不要因为琐事而动摇追逐梦想的信心和勇气，不要失去对美好未来的憧憬！

我还参加了农家书屋举行的"六一"朗诵活动、书法活动、庆国庆绘画活动等，这些活动不仅提高了我的能力，还拓展了我的视野。

我的进步也与家乡的发展有着密切联系。我相信，随着时代的进步，我的家乡将会展现出另一番面貌！

学　　校：安徽省亳州市蒙城县许疃镇中心小学北校区
指导教师：王亚如

沉睡的书院，苏醒了

◎缪彦星

悠悠穆水，清清溪流，我从小就在福安小镇穆阳溪畔长大。一出家门，右转，便是牛皮铺码头，搭石、流水、古榕，诗意盎然；左转，便是雨巷石马兜，纸伞、红灯、土墙，烟火人间。

小时候，我无数次行走于雨巷，常看到一座东鲁支祠——仰止祠。高高的土墙，紧锁的大门，我不知高墙内是怎样一个世界，它就像一座沉睡的建筑。这个谜团在去年秋天终于解开了，仰止祠重新修缮后，面向大众开放了。

这里，别有洞天。一进祠堂，小桥流水，水榭亭台，烟雾缭绕，游人如织。四周分布着"望重韩阳""风高穆水""国士其三""爱故乡书院"等几个主题场馆。漫步其间，可览穆阳历史沿袭、缪氏渊源，可睹谢翱、郑寀、缪烈三位贤士的风采，可知穆阳红色革命历史。

参观完毕，游人栖息于"爱故乡书院"。走进书院里面，我发现这里早已坐着许多人，人群中有老人也有小孩。小孩们并排坐在长椅上，每人手里都拿着一本书，津津有味地看着。有一个三四岁的小孩子坐在她妈妈的腿上，瞪着水灵灵的大眼睛，一面听妈妈小声给她讲故事，一面手舞足蹈。而一旁的老人们则戴着老花镜，手拿《闽东日报》，一副陶醉自得的样子。

唯有读书方宁静，最是书香能致远。书院里图书种类众多，我从书架上随手抽出一本《毛泽东诗词鉴赏》，寻一个僻静处坐下来。翻开书，我读到了"红军不怕远征难，万水千山只等闲"，感受到毛主席和红军战士们"视死忽如归"的英雄气概；从井冈山燃起星星之火，到二万五千里的漫漫长征，从"黄洋界上炮声隆"到"到处莺歌燕舞，更有潺潺流水"，一幅旧貌换新颜的图景展示在我面前……一句句，一篇篇，一幅幅，都饱含作者对祖国河山的无限喜爱。读着读着，我心潮澎湃，热血沸腾，被毛泽东诗词中斗志昂扬的气概所感染。

恋上一道风景，喜欢上"爱故乡书院"。我不仅自己喜欢来这里看书，还带动身边的伙伴一起来看：每个周末，我都会约几个好朋友一起到"爱故乡书院"静静享受一本书、一段午后的好时光。

沉睡多年的"爱故乡书院"苏醒了，为雨巷添一分书香，为古镇添一分底蕴。它，直抵人们的心田；它，点亮了人们的梦想！

学　　　校：福建省宁德市福安师范学校附属小学
指导教师：赖凌晶

我的启蒙书屋，梦开始的地方

◎高杉霓

恍惚间，外公走了一个多月了。妹妹太小，不知道什么是去世，一度不停地问妈妈："外公去哪里了，怎么没再见过他？"妈妈含着泪指了指天上，用颤抖的声音对妹妹说："外公去了很远的地方，你要是想外公了，就对着天上最亮的那颗星星说话，它会帮你转达给外公的。"秋风抚摸着我的肌肤，寒意爬上心头。夜空灰蓝，我努力地找寻最亮的那颗星，眼眶不自觉地湿了。

四年级下学期我写了一篇作文，叫《我的乐园》，写的是外婆家，而外公则是这个"乐园"里的"地标性建筑"——我的"启蒙书屋"。他虽然谈不上学富五车，但是他爱书，每次和他聊天，我都像上了一堂课，受益匪浅。

听妈妈说，外公种过葡萄，而且非常成功。当年，邻村的村民不知从哪里学来了种植葡萄的本领，获得了大丰收，赚了一些钱。外公看到后就前去请教，没想到邻村的村民吝于赐教，说这项技术只传给本村村民。可是，外公没有放弃，而是去了书店，买了很多关于葡萄种植的书回来。他按照书上的理论并联系实际摸索着，摸清了里面的门门道道，摸出了自己的致富之路。

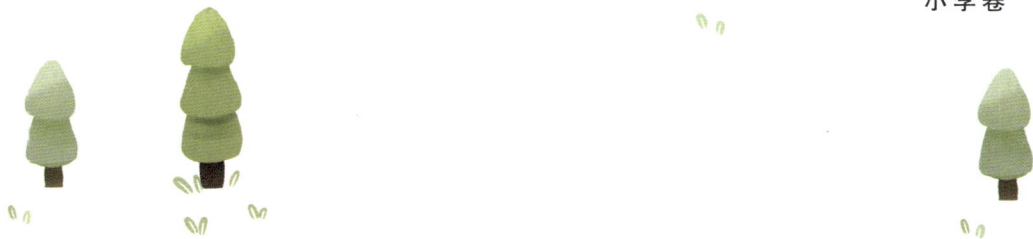

他的葡萄园收成特别好，果子不仅卖相好，口感也是一流，受到了大家的一致好评。大家无不竖起大拇指说他厉害，说会识字真好，书真是样好东西！

外公的一手水电装修技术也是自学来的。当时，一个水电师傅租住在外公家，外公经常跟他聊天，从对方那里学到了很多水电装修知识。随后，外公买回一堆相关图书来研究，摸透了如何做水电装修。外公知道实践的重要性，因此，他不要一分一毫的报酬，给水电师傅打下手。功夫不负有心人，靠着书本和实践，他又学到了一手本领，方圆几公里内几乎所有人家的水电活儿都被外公承包了。

外公靠着阅读、自学，提升了自己人生的价值。他涉猎群书，最爱的是军事政治和历史地理。每次说起相关话题，他总是侃侃而谈，还时不时笑着询问我们的见解。每次和他聊天都能收获知识，我从他身上真真切切地看到，一个人可以无师自通，却不可无书自通；也知道了走马观花、浅尝辄止的学习，绝对是无效的；更感受到了书可以给予人力量，书可以成就一个人。

小时候，我不识字，外公就是我的书屋，他滔滔不绝地讲，我津津有味地听。在他的熏陶下，阅读也成了我生活中不可或缺的一部分，书成了我真正意义上的良师益友。如今，我有了自己小小的书屋，而我的"启蒙书屋"却永远和我说了再见。

外公，我想你了。我的梦想是当一名医生，我希望自己能争分夺秒地从死神手中抢回一个个生命，不留遗憾。我会不断充实我的小书屋，让它载着我的梦起航，带我去想去的地方。

学　　校：福建省福州市冯宅中心小学
指导教师：林晓红

小小的书屋，大大的世界

◎曾洋奕

四张书桌，五个书架，一批藏书，这就是我们村的书屋。

我把这间书屋取名为"红房子"。走进"红房子"，各种图书整整齐齐地摆放在书架上供大伙儿挑选，红色书籍占据了最大的一块领地，成为当之无愧的"老大"。

一间书屋·一道风景线

我在"红房子"度过了一个有意义的书香假期。

我和小伙伴们每天一做完作业，就往"红房子"里钻。我们有时凝神思考，有时轻声交流，有时大声争论，但更多的时候，我们都在静静地阅读，气氛总是那么温馨、融洽。弟弟抱着一本《让孩子最感动的 100 个红色经典故事》看上半天，他才 5 岁，不认识字，一边看图一边问我们。通过我们的介绍，他知道了"九一八"事变和"南京大屠杀"等重大历史事件。

在我看来，"红房子"就是我们村一道最亮丽的"红色风景线"。

一本书·一个世界

最近，在"红房子"里，我读完了《英雄人物的故事》这本书。我认识了英勇赴死的革命先驱李大钊、在铡刀面前坚贞不屈的刘胡兰、狱中斗士方志敏……我被英雄们誓死不屈的革命精神深深打动。可是，究竟是什么，可以让他们流血断头在所不惜？生命只有一次，有什么比生命更重要？

尤其是方志敏，他原本生活优越，不缺吃穿，还喝着从外国进口的咖啡，生活体面极了！可是，这样的生活，他说放弃就放弃。敌人围追堵截，他拒绝逃生，面对敌人的刺刀，他没有丝毫畏惧。带着疑问，我阅读了《可爱的中国》和《清贫》。"我们相信，中国一定有个可赞美的光明前途。""清贫，洁白朴素的生活，正是我们革命者能够战胜许多困难的地方！"……一句句话语像一块块巨石，撞击着我的心，我明白了这是信仰的力量。方志敏选择清贫，是为了更多人不再清贫，是为了如今我们可爱的中国！

这一本本书里，有太多可爱的灵魂。窗外不论多热闹，我都更愿意安守书屋一角。这一角一书，就是一个世界。

一步·一跨越

在党的二十大开幕的日子，我和邻居们都来到了"红房子"，听习爷爷作报告。

习爷爷说，从现在起，中国共产党的中心任务就是团结带领全国各族人民全面建成社会主义现代化强国、实现第二个百年奋斗目标，以中国式现代化全面推进中华民族伟大复兴。此刻，我多想对方志敏说："您为之献身的中国越来越好了！"

之前，也是在这间"红房子"里，我听到习爷爷宣告，中国的脱贫攻坚取得全面胜利，现行标准下9899万农村贫困人口全部脱贫，创造了人类减贫史上的奇迹。我看到，一条条隧道打通了，一条条道路修起来了，一座座房屋立起来了，汽车、高铁奔跑如飞，贫困地区的特产终于飞出了大山，人们说这是"一步跨千年"。是呀，我们每个人每一步的跨越，都代表着中国的一次进步；而中国向前走的每一步，也绝不抛弃任何一个人。

我向窗外望去，白云在天空悠闲地漫步，人们三三两两走过，有的去散步，有的去跳广场舞，有的走进这间"红房子"……

小小的书屋，承载着大大的世界，也见证着我们坚定前行的每一步……

学　　校：江西省萍乡市安源区北桥小学
指导教师：张鼎华

那书屋，我心中的光

◎宗子尧

那书屋，不像城里的图书馆那么宽敞华丽，藏书也不那么齐全，但它却是我童年里最美的一道光。

——题记

每逢周末、节假日，我总喜欢缠着妈妈带我去姥姥家。姥姥家住在农村，出门就是平地，任我随意撒欢。院子里开辟了一块小菜园，种满了应季的蔬菜，新鲜好吃，还能体验采摘的快乐和捉虫的乐趣。其实，我喜欢去姥姥家还有一个重要原因，就是可以去村里的书屋。

它在村子的大队部里，虽然只有一间屋子，但是宽敞明亮，各种各样的图书整齐地摆在书架上，真是"麻雀虽小，五脏俱全"啊！

小时候，爸妈工作忙，姥姥把我带回村子，我便跟着姥姥、姥爷一起生活。姥姥对我百般宠爱，我要啥给啥。从教师岗位退休的姥爷说："孩子小也不能惯着，也得懂规矩。我以后带他去村里的书屋，接受文化的熏陶。"于是，姥爷就常带我去书屋，一待就是一上午。回到家里，姥爷还给我讲历史典故或抗战小故事。我听着这些故事长大，不知不觉中也识字了，刚上一年级就认识一千多个字。老师常常在妈妈面前夸奖我。我知道，这都是姥爷和书屋的功劳。

因为上学，我不能常去姥姥家，但一到暑假我便成了姥爷的"小跟屁虫"，成了书屋里最小的读者。书屋很清静，绝对是个阅读的好地方。一进书屋，我就随手搬来椅子，坐下读书，温暖的阳光透过窗户轻轻地抚摸我的脸。我静静地看书，闻着书的芬芳，心自然就静下来了。

我喜欢昆虫。法布尔的《昆虫记》自然备受我的青睐。可爱又智慧的萤火虫，凶猛又优雅的螳螂，狡猾又愚笨的黑步甲……这些小小的虫子令我印象深刻，字里行间洋溢着作者本人对生命的尊重与热爱——昆虫的生命也应当得到尊重。

一本《论语》，一本《西游记》，一本《中国民间故事》，一本《上下五千年》……一本本书带给我不同的感受、不同的快乐。

一处小小的农家书屋，成了我成长路上的"加油站"。在我心中，那书香弥漫的书屋，也是照亮我梦想之路的一道光。

学　　校：山东省东营市河口区河安小学
指导教师：李　娜

传　承

◎蒋吉豫

捻一抹茶香，守半盏时光；撷一缕书香，承几代梦想。

——题记

爷爷和他的书包

我的爷爷出生在中华人民共和国成立后不久，就是那个战火刚刚结束的年代。那时，很多人意识到落后就要挨打，爷爷成了当时为数不多的学生中的一员。爷爷上进心极强，一有时间就捧着书读，为了节省本子和笔，爷爷经常用树枝在地上写字。在那个买东西凭票的时代，爷爷硬是靠捡垃圾给自己买了一个小书包，让他那唯一的书、本子和笔终于有了归宿。爷爷兄弟姐妹多，生活压力让爷爷不得不辍学，担起养家的重任，从此那个小书包便成了爷爷心中永远的梦。

爸爸和他的书柜

我的爸爸出生在改革开放时期，用爷爷的话说，就是邓小平爷爷"在中国的南海边画了一个圈"之后的几年。尽管那时候家里也不是很富裕，但比起爷爷，爸爸还是幸运多了。他上学第一天就可以背着崭新的书包，里面还有书本和文具。后来，爸爸不满足于学校发的课本，到处去搜集当时的各种小人书。爷爷见爸爸如此沉迷，用家里盖房子剩下的边角料，给爸爸打造了一个书柜。书柜上的藏书虽算不上琳琅满目，但《水浒传》《三国演义》等名著都有。从此，书柜陪着爸爸从小学，到大学，到有了我。

我和我的书屋

我出生在中国崛起、民族复兴的新时代。从上幼儿园起，爸爸妈妈就开始培养我的阅读习惯。从冰心奶奶的《小橘灯》到鲁迅爷爷的《朝花夕拾》，从《伊索寓言》到《格林童话》，毫不夸张地说，我书屋里的藏书绝不逊色于小型书店。每天月上枝头的时候，就是我阅读的时间，我为卖火柴的小女孩哭过，也为回到农场再次见到亲人的小海蒂笑过……沉浸在书的世界里，每天都有不一样的收获。

从爷爷的书包，到爸爸的书柜，再到我的书屋，这些变化，见证着祖国的繁荣与富强。

学　　校：河南省郑州市新密市新岗路小学
指导教师：杨晓娟

农家书屋载梦飞

◎ 石雨薇

我生长在大巴山脚下，那里群山巍峨，放眼望去，连绵不绝的山峦尽显祖国山川的雄伟壮观。小时候，我有一个梦想，那就是走出大山，去见识外面的世界。但爸妈很忙，总是没时间带我出去，我看到最多的除了山还是山。终于有一天，我听到一个激动人心的好消息，那就是我们小镇上的农家书屋开放了，它是镇上一位退休老师自筹资金、费尽周折建起来的。

我像离弦的箭似的奔向书屋。进去后，只见一柜一柜摆放整齐的书，还有几张干净的书桌，我喜不自胜，这下终于可以学到更多知识了。

从此，那个书屋成了我放学后的"百乐园"。闻着浓郁的书香，我了解了很多不同地方的风土人情、特色景观，我知道了雄伟的天安门、历史悠久的万里长城、上海的东方明珠……

每当在学习上碰到困难，我都会来这个"百乐园"寻找答案。有一次做数学题，我绞尽脑汁怎么也做不出来，就把笔一摔，干脆不做了，反正第二天老师会给答案的。就在这时，海伦·凯勒突然"出现"在我眼前，她说："世上无难事，只怕有心人。没有什么能阻拦梦想，只要你肯坚持，就有可能成功！"我突然明白了什么似的，拿起题目读了一遍又一遍，渐渐地，解题方法浮现在眼前。通过计算，我终于啃下这块"硬骨头"，书中说的"书读百遍，其义自见"真有道理。

这个"百乐园"带给我许多惊喜。这不，我最近又迷上了侦探故事。我几乎一口气把《名侦探柯南》读完了。柯南几乎所有案子都破得了，在我看来，其中最有代表性的是"电视剧外景队杀人事件"，情节扣人心弦。读了这本书，我不仅学会了简单的推理，还学到了柯南身上做事冷静、不盲目、不依赖别人的品质。

感谢农家书屋，它承载了我的梦想，让我了解了外面精彩的世界；感谢农家书屋，它给我这个大山娃一个梦想的"百乐园"，书里那深刻的智慧、丰富多彩的故事，一定能成为我实现梦想的阶梯。我爱书屋！

学　　校：湖北省恩施土家族苗族自治州巴东县溪丘湾乡中心小学
指导教师：杨英兰

书屋筑梦，书香致远

◎陈韬旭

溶溶月，淡淡风，坐在农家书屋的卡座上，我摊开心爱的书本，任凭书香弥漫，目光在文字间游移，任思绪驰骋，任情思悠游，尽情描绘心中五彩斑斓的梦。

爸爸告诉我："一个家庭没有书，就等于一间房子没有窗子。"在我很小的时候，我便有了自己的书架。在爸爸的影响下，我爱上了读书，爱浸在童话中，翻开那一本本图文并茂的绘本，图书散发的墨香令我如痴如醉。雪白的书页如同一架架小滑翔机，载着美丽的童话，飞至我心灵深处。窗外的柳条在清风中轻抚窗台，它嫩绿柔软的枝条下藏着绿叶精灵，在静谧的午后，和我一起阅读童话，沉浸在美丽的童话王国中。我幻想着自己是一个身处古堡的王子或一个英姿飒爽的骑士，要去消灭魔鬼，打败怪兽，拯救公主。

妈妈告诉我："读一本好书，就是和许多高尚的人对话。"离家不远的农家书屋便成了我阅读的小天地。我佩服勇敢坚强的鲁滨孙，同情卖火柴的小女孩，钦佩无私奉献的白求恩，也被居里夫人为科学献身的精神打动……

我与书中人物一同经历悲欢离合，感受人世间的喜怒哀乐，与主人公一次又一次对话，接受一次又一次思想洗礼。我也梦想能拥有一支如橡大笔，写下自己的故事。

再大一些，老师告诉我："书犹药也，善读之可以医愚。"从书中，我了解到了真假、善恶、美丑，汲取了丰富的营养，充实了自己。书本如磁石般吸引着我，在万籁俱静时，在茫茫夜色中，我沉醉于书屋一方小小的天地里。

在新冠肺炎疫情期间，农家书屋这方乐土也受到了影响，对外开放的频次越来越低，书屋不再允许借书，我的期望一次又一次落空。由于疫情，人们的工作、生活也受到极大影响，远方的亲人难团聚。爷爷在走的时候都没能看上叔叔一眼，无助而绝望的眼神我永远都不会忘记，我因此立志长大后要当一名医生，帮助人们摆脱苦难。在书屋的指引下，我的梦越发清晰，奋斗的方向越发明确。

心中有信念，步履才会更加矫健！有农家书屋筑梦，我必将行稳致远！

学　　校：湖南省岳阳市湘阴县鹤龙湖镇包市学校
指导教师：蒋　巧

车胤书屋的故事

◎金　霖

　　我是一幢房子，坐落在常德临澧的一个小乡村。这里风景优美，气候宜人，但文化落后。闲暇时，人们最喜欢的娱乐活动就是打麻将。

　　我的主人是一位普通的农村妇女，她拥有农村妇女最优秀的品质——勤劳。白天，她在田间地头忙碌。她又和别的农村妇女不一样，夜晚，她总在电脑前写稿。她的许多稿子都发表了，她还出版了自己的诗集和长篇童话，生活条件也因此改善。

　　但她并不开心，她的眉间总锁着心事。直到那天，她笑逐颜开地从外面回来，身后还跟着一群人。有人爬上我的门楣，量起了尺寸。我满心疑惑，这是干什么呢？

　　这时，有两个人把印有"车胤农家书屋"的金色匾额挂在我胸前。接着，随行的人又把一个个高大的书架摆到了我的墙边。哦，这是要把我变成一间书屋啊！

　　乡亲们也来了，有人扛着锄头踮起脚尖往里瞟；有人站了一会儿就继续往麻将馆走去；也有人撇撇嘴，丢一句酸溜溜的话："泥腿杆往上数几代还是泥腿杆，哪是读书的料？"主人平静地看着，并不争辩什么。

一次小长假，我迎来了第一批客人。他们是附近的小孩子。

"呀，《小溪流》，我最喜欢了！""哇，《红岩》，这周的读后感有着落了！""《西游记》，可找着了！"……他们叽叽喳喳地奔走在书架前，像一群兴奋的麻雀。很快，他们就安静下来了。他们沉浸在书中的样子，可真好看。

后来，越来越多的人开始亲近我，许多人把对麻将馆的钟情转移到我身上，一坐就是几个小时。主人脸上的笑容越来越多了。周末，她还为孩子们上起了免费的阅读课。在她的带动下，大家读书的热情更高了。

我的名声越来越大，中央电视台都来采访过我。我喜欢这种感觉，不过，我更喜欢乡亲们阅读时眼里闪烁的光芒。

主人说，她小时候特别渴望书籍，但她生活的山寨却没有阅读条件。童年时期对书格外渴望的经历，让她特别关心乡村孩子的精神世界。把书带回乡村，就是把希望和梦想带回乡村。

对了，我的主人叫宋庆莲。她是一位在田埂上作诗的农民，一位受孩子喜爱的儿童文学作家。

学　　校：湖南省常德市临澧县丁玲小学
指导教师：张学芳

萌　芽

◎聂少筠

近几年，我们埕头村的农家书屋开拓了我的阅读领域，里面的红色主题图书让我过足了阅读瘾。瞧，书屋东北角就是"红色阅读天地"了，书架上层是红色革命小说，有《青春之歌》《林海雪原》等；下层是红色少儿图书，有《黄继光》《小兵张嘎》等，还有不少红色主题绘本呢。

坐在宽敞明亮的农家书屋里，看着风吹起窗帘，满眼绿意，日光和树影投进室内，影影绰绰，渐渐融成一片汪洋，别有一番意境。

我拿起王树增精心打磨的红色巨著《长征》，再一次回到战火纷飞的年代。这本书用60余万字，描述了红军长征艰苦卓绝的历程。在这本书中，我看到红军历时两年，以非凡的智慧和大无畏的英雄气概，四渡赤水、巧渡金沙江、强渡大渡河、飞夺泸定桥、爬雪山、过草地，突破敌人的围追堵截，战胜无数的艰难险阻，纵横十余省，长驱二万五千里，终于胜利到达陕北。

再看看那本大家耳熟能详的《红岩》，江姐在敌人的严刑拷问下回答："毒刑拷打，那是太小的考验。竹签子是竹子做的，共产党员的意志是钢铁铸成的！"时至今日，这句话依然铿锵有力，令人动容……正是这些革命先辈把个人命运与党的命运、国家的命运、民族的命运紧紧连在一起，义无反顾地肩负起拯救中华民族于危难之中的历史重任，我们才有今天的幸福生活！

一本本红色经典如一场场无声细雨，滋润着我的灵魂，培育着我的梦想。仰望长空，历史的星光依然闪烁，周恩来爷爷的"为中华之崛起而读书"又一次响在耳畔。悄悄地，沐浴着农家书屋的春光，一颗红色的种子正在萌芽……

学　　校：广东省韶关市乳源瑶族自治县大布镇中心小学
指导教师：王海妍

农家书屋，筑梦的 "聚宝盆"

◎ 杨章齐

推开那扇涂满褐色油漆的木门，迎面飘来一股浓烈的墨香味儿，它正一缕一缕地钻入我的鼻腔，沁入我的心脾，唤醒了我的灵魂，我瞬间活跃起来。

什么地方如此神奇？这是常年扎根在我们文里村村委会大楼里的一处 "聚宝盆" ——农家书屋，它是我心目中最美的地方。

"麻雀虽小，五脏俱全" ——这是书屋给我的印象。书屋的面积有 60 多平方米，四周摆放着一个个木质书柜，六层高的木架子上，整齐地摆放着各种图书，除了文学名著，还有讲述科学知识的、记录生活常识的、介绍种植养殖专业技术的……不一而足。书屋正中央是一套套崭新的桌椅，还有几台电脑，便于读者查询资料，网上借阅……整个书屋简约质朴，既有纸质书的墨香，又有现代信息技术架设的 "桥梁"。

我一有空就会来到书屋看书。暑假里，我翻阅了一整套《文里史谭丛书》，从百名作家走进现代文里村后撰写的《煮酒文里》里，我了解了文里村的过去和现在，知晓了文里村一代又一代村民奋斗的历史。

文里村是庵埠镇人口最多的村，村里十姓同住，和睦相处，素有孝老爱亲、崇德尚善、乐善好施等传统村风。回望历史，在那个风云涌动的年代，文里村民风虽然淳朴，但也落后，人们"日出而作，日落而息"，过着自给自足的生活，村民们偏安一隅，也困于一隅。

如今的文里村，正昂扬地行走在乡村振兴的道路上。在《煮酒文里》中，有作家这样描绘："走进文里村，首先映入眼帘的是干净整洁的村道和体现乡风文明的各式墙绘，道路两旁生机勃勃的绿植与村民房前屋后的小菜园相映成趣；行走在城南景园文化长廊间，读经史、品画作、学礼仪，悠闲自得；学校课堂传出了悠扬的歌声，村歌《文里之歌》唱出了文里村的古今变化、古训乡风……"

是啊，文里村日新月异，人们的生活越来越好，幸福感与日俱增。

我翻阅着图书，行走于字里行间，也行走在文里村乡村振兴的道路上。我由衷感叹："书屋珍藏着的不仅是各种图书，更珍藏了村民们最初的梦想，书写着一代又一代村民奋斗的痕迹！"

农家书屋，是我们筑梦的"聚宝盆"，我愿意永远遨游其中，成为一个快乐的读书人；我愿意在知识的海洋中乘风破浪，去建设更美的乡村！

学　　校：广东省潮州市潮安区庵埠镇文里小学
指导教师：袁泽英

金色的书屋

◎李梦琳

午后。

电闪！雷鸣！乌云压顶！"黑云翻墨未遮山"的气势预示着一场夏日骤雨即将来临！

"老头子，快要下大雨啦！该收拾的东西都收拾好没有？再想想，别让这场大雨把东西给淋坏了！"外婆扯着比雷声还响的声音问外公。

"好了！好了！我办事你就放心吧！"

噼里啪啦，雨点顷刻间让整个村子变成白茫茫的一片。外公背着手站在窗前，盯着窗外的雨帘，嘴里喃喃地说："好雨！好雨！田里的禾苗终于可以喝个够了！大志家的禾苗刚刚病好，还不能追加化肥，真是又缺肥料又缺水，这下他就不用愁眉苦脸喽！"

"糟啦！我得出去一趟！"外公摸着后脑勺，突然想起什么似的，着急地说。

"这个死老头，这么大的雨你都要出去，不要命啦？刚才你不是说啥都收拾好了吗？"外婆扯着嗓子担心地嚷。

"我记不起来今天中午回家时，村委那儿的书屋有没有关窗，我得去看一趟！如果书屋里的书被淋湿了，那就坏了！"外公担心地说。

"书会淋坏，人就不会淋坏？你那条病腿还要不要？走路一瘸一拐，你不难受？女儿刚给你治好一点，你就在这里逞能？不让去！"外婆毫不客气地命令道。

"老伴，我知道你心疼我，可我还是要去。那书屋里可是咱们全村人的精神食粮！你看，大志家的禾苗得病了，不是在书屋里找到了治病的方法吗？村东头狗子家的鱼塘，前两天鱼儿闷头不动，不是在书屋里找到了方法让鱼儿重新活蹦乱跳吗？放假了，镇里和城里回来的那帮小孩，哪个不争着往书屋里钻？村民们都离不开书屋呀，你说书屋重要不重要？"外公一边穿雨衣，一边据理力争。

"书屋重要还是命重要？"外婆毫不示弱。

"老太婆，我是我们村小学关心下一代工作委员会的负责人，为村民，为孩子，我都应该保护好书屋！今天早上到的那批《中华廉洁文化读本》刚好放在靠窗的位置，淋坏了怎么办？我能不出去吗？你放心吧，我没事的！"外公转身走进了雨幕。

书屋里，外公细心地整理书籍，村民们查阅资料，我和小伙伴埋头读书，村民们向外公致谢时他乐呵呵的笑脸……一幕幕场景浮现在我眼前，我抄起一把雨伞边走边嚷："外婆，你放心吧！外公我来照顾！"

等我赶到村委会时天已经放晴，完好无损的"圆梦书屋"和戴着斗笠、胳膊肘搂着雨衣的外公，在金色阳光下熠熠生辉！

学　　校：广西壮族自治区玉林市容县容州镇中心学校
指导教师：李　欣

我的书屋·我的梦

◎ 邓振佳

郭沫若曾说："韬略终须建新国，奋发还得读良书。"如果说书是宝藏，书屋就是令人神往的宝库。然而，并非人人都能幸运地走进这座宝库。

记得爸爸说，他在像我这么大的时候也非常喜欢看书，但因为出生在农村，家里条件不好，他没有属于自己的课外书，更别说书屋了，课本都得几个人轮流看。如今，村里有了公共书屋供大家免费看书。每次我和爸爸妈妈在村里散步，都看到书屋里站满了人，每个人手中都捧着自己爱读的书，脸上洋溢着满足的笑容。

在我的家乡，有一座特别的书屋——武山村委会书屋。三间简朴的一层小瓦房，屋后空坪处摆放着一张小方桌和几张小板凳，一条小溪常年流水潺潺，在书屋边淌过。人们在阳光下，听着溪水的低语，闻着野花的芳香，捧着一本喜爱的书读着，好不惬意！书屋里左右两边各放一个大大的书架，一摞摞图书整齐地摆放着，读书的人是那样认真和专注：有的人入情入境，面带微笑；有的人若有所思，频频点头；有的人边看边记，争分夺秒；还有的人聚在一起，小声交流。周末，书屋外还会摆放一个书柜，上面张贴着"换书柜"字样，鼓励孩子们把自己看过的书拿来交换，学会分享。

我的家里也有一个小书屋，每天我在这个宝库中寻觅、掘取知识的宝藏。沉浸在书的世界里，我是最快乐的。《十万个为什么》为我解答了许多疑问，《格林童话》让我放飞了想象，《钢铁是怎样炼成的》让我懂得了人生需要坚强，《三国演义》让我领会到诸葛亮的足智多谋，《水浒传》让感受到了什么是义薄云天，《红楼梦》让我认识到封建大家庭衰落的必然性……书让我的生活乐趣无穷，它无声地给我传授知识，让我增长见识，使我立志成为对社会有用的人。以梦为马，以书为鞭，方能驰骋四海，建功立业！

从爸爸无书可读的年代到现在我可以自由畅游在书海里，从人人为温饱犯愁的年代到如今全民读书的火热氛围，从物资极度匮乏的年代到如今追求精神富足的新时代，我们的祖国正一步一个脚印走在实现中华民族伟大复兴的道路上。前辈们的奋斗让今天的我们拥有"读书自由"，我们何其幸福呀！

梁启超在《少年中国说》中说："少年智则国智，少年富则国富，少年强则国强……少年雄于地球则国雄于地球。"今天的少年是历史新纪元的开创者。国家要发展，社会要进步，中国要傲立于世界民族之林，少年就要有理想、有知识、有能力，只有这样的少年才能把中国建设得更富有、更强盛！

书屋是文明的摇篮，是智慧的宝库，是梦想的源头。少年们，请像我一样爱上书屋，爱上知识，为奋进新征程奉献自己的智慧和力量吧！

学　　校：海南省陵水黎族自治县光坡中心小学
指导教师：韩　婷

乡 村 振 兴

四川 / 邵爱馨 绘

我读书　我快乐

——我的读书故事

◎朱治丞

　　我有个"书虫妈妈"，所以我们家有很多书。她不仅自己爱买书和读书，还爱买书送人。每逢生日或者节日，妈妈送给我的礼物，基本上都是书。妈妈最爱对我和姐姐讲："你们一定要多读书，爸爸妈妈都是普通人，能够教给你们的知识是有限的。你们只有多读书，懂的东西才多，才能更好地认识这个世界。"

　　上学了，老师也要求我们多读书，不但要求我们在学校读，回家了也要读，还要做笔记。刚开始时，我觉得好烦呀！放学了，不但要做作业，还要读课外书，既不能开开心心地玩，也不能随心所欲地看动画片……

　　直到有一天，妈妈神神秘秘地拿出一个盒子，包装极其精美，让人感觉里面装的是巧克力之类的糖果。我不禁咽了一口唾沫，迫不及待地抢过来，打开一看，心不由得跌入谷底：又是一本书，而且是一本很大的书。我正想抗议，妈妈却笑嘻嘻地说："你先看看这书里写了什么吧！"我翻开书一看，里面是好多动物的图画，还配有解说。我一下子就被各种各样的动物吸引了。妈妈真是太了解我了，这是我第一次不嫌弃妈妈给我买的书！在这之前，我最开心的事就是和爸爸一起观看《动物世界》，但只在电视上与动物们接触始终流于表面。有了这本《动物图鉴》，我就可以随时和那些可爱的动物接触了。在《动物图鉴》里，我认识了好多动物，比如非洲猎豹、蓝鲸、白犀、虎鲸、东北虎等；我也第一次知道了海参这种神奇的物种，内脏被拉出来了还能存活……

从《动物图鉴》开始，我慢慢地爱上了读书。《鲁滨孙漂流记》中鲁滨孙的经历让我憧憬冒险，《西游记》中孙悟空一个筋斗就是十万八千里让我羡慕不已……因为读书多，课堂上，老师提的很多问题我都能应对自如，经常得到老师的表扬，有的同学甚至叫我"百科全书"，这让我更加爱读书了。

读书让我获得了很多知识，明白了很多道理，我们一定要多读优秀的图书，这样我们才能更加健康地成长，成为对社会有用的人。

学　　校：重庆市黔江区人民小学
指导教师：汪晓华

书香沁润少年梦

◎罗馨怡

在字里行间，总有梦发生。

——题记

阳光暖暖的，照在书桌上。拉开窗帘，慵懒的微风轻轻滑进屋子，摇曳着窗帘，翻动着我手里微黄的书页，发出哗啦声……我闭上眼睛，深吸一口气，空气中隐隐流动着一股醇香，这是墨与纸交杂的香味，是我独爱的书香。

在这醉人的书香世界里，涌动着我缤纷的读书梦……

粉色公主梦

与书初相识是幼儿园时，妈妈带我一起进行亲子阅读。在童话书中，我认识了美丽的人鱼公主、善良的白雪公主、大方勇敢的长发公主……每晚我都要缠着妈妈一遍又一遍地讲童话故事，遨游在童话王国里，渐渐也在心中筑起了城堡。"我要住在城堡里，要穿粉色的公主裙，我也要当公主！"我用稚嫩的声音告诉妈妈。

金色诗人梦

随着年龄的增长，童话书已不是我的最爱。我在一年级时认识了金波爷爷，他写的那些小诗是我最喜欢读的。诗中，夏天是个奇妙的季节，满地的鲜花，这里一朵，那里一朵，真是比天上的星星还多。童真的诗句，犹如耳边的细雨，柳絮飞舞般的梦境，令人回味无穷。再后来，我与"诗仙"李白同酌"花间一壶酒"，仰天长啸"天生我材必有用，千金散尽还复来"；月光之下，我与苏轼一起慨叹"人有悲欢离合，月有阴晴圆缺"……千古名句，蕴含着人生哲理，通过读诗，我体味着百态人生。渐渐地，一粒小种子在我心中扎根——长大后，我要成为一名诗人！

红色爱国梦

幼时不知何为爱国，直到五年级在语文书上读到梁启超的《少年中国说》，我才深刻地明白了"今日之责任，不在他人，而全在我少年"的含义，因为"少年智则国智，少年富则国富，少年强则国强，少年独立则国独立"。

习爷爷曾说："历史深刻表明，爱国主义自古以来就流淌在中华民族血脉之中，去不掉，打不破，灭不了。"我在书中看到了"怒发冲冠，精忠报国"的岳飞，听到了战场上热血奋战的战士们立下"黄沙百战穿金甲，不破楼兰终不还"的誓言，更深刻体会到了周恩来总理在少年时说的"为中华之崛起而读书"的深刻含义！爱国热血在心中沸腾，我知道当下唯有珍惜时间、刻苦学习、努力拼搏，将来才能为祖国贡献力量，守护盛世和平！

书香沁润少年梦，少年何妨梦摘星？

少年啊，热爱阅读吧，在万卷书海里遨游！在梦想的草原上驰骋，遇见更广阔的世界！

少年啊，不负韶华梦，读书正当时！愿你所读过的书都是你走过的路，看过的景！

少年啊，让我们像习爷爷一样将读书作为终身爱好吧！

学　　校：四川省眉山市青神县实验小学
指导教师：钱　静

古镇的 "精神阵地"

◎张梦蕾

我的家乡坐落在黔北大地，这里红色文化厚重，是驰名中外的四渡赤水战役发生地。在一个秋高气爽的日子里，我随妈妈一起前往土城古镇游玩，发现了古镇的精神阵地。

在土城古镇四渡赤水纪念馆内，我发现了一个古色古香、井然有序的农家书屋。农家书屋，乍一看这名字，我不禁摇头。在我的印象中，书是高雅而神圣的，书屋的名字也该是"高大上"的。这农家书屋，会是什么模样？

走进一瞧，首先映入眼帘的是阅览桌中央那一盆青翠的绿萝，郁郁葱葱，彰显着优雅的风韵。书架上《四渡赤水亲历记》《长征》等红色题材图书像卫士一样整齐列队。有一位叔叔翻阅着《鳛国故里》这本书，这本书记录的可是当地一位大作家自己家乡的真实故事呢！一位与我年龄相仿的哥哥正专心致志地阅览《长征》，时而蹙眉，时而微笑。我还看到，三三两两的人手拿书本朝书屋走来。

我迫不及待地寻找自己喜欢的图书。儿童阅读区让我兴奋不已，这里有许多适合少年儿童阅读的图书。坐在这里向外眺望，被雨水沐浴后的古镇，青砖绿瓦，光芒闪耀，像一位上了年纪的爷爷，稳健而慈祥。远眺，远山如黛，薄雾笼着山尖，似仙女下凡时的轻纱，流动起伏，为古镇添上苍翠葱郁的背景。

一位和蔼可亲的阿姨拿着登记本请我留言，她告诉我们："这是农家书屋，很多读者是在赶场天赶完集市来看书的，可时间仓促，他们无法痛快淋漓地阅读，所以书可以在登记后外借，真正为读者服务。"

我和妈妈都在书架上发现了自己喜欢的图书。这里有讲农业畜牧的书，有介绍家电常识的书，有文学书，有儿童漫画书……在这安静的书屋里，我仿佛听到大脑吸收知识的声音，那么"贪婪"而惬意！

新时代的春风滋润着黔北大地，农家书屋丰富着人们的闲暇时光，这是古镇的精神阵地，是人们汲取营养的地方。土城古镇四渡赤水纪念馆农家书屋的幽香潜入心灵，它留下的印迹熠熠生辉，在呼唤我下次光临！

学　　校：贵州省遵义市习水县杉王太平小学
指导教师：何方元

河北 / 李诗雅　绘

家乡的"百草园"

◎包宇诺

　　我的家乡有个"百草园"——一个毫不起眼、小小的农家书屋，书屋建在村委会大楼的一隅。村委会的院子里高高地悬挂着一面五星红旗，在青山绿水的衬托下显得格外耀眼。在我心里，与五星红旗一样吸引我的，还有那小小的农家书屋。

　　管理农家书屋的是60多岁的李大爷。我第一次来时，见他戴一副老花镜，还时不时地把老花镜往上推一推，有时又取下老花镜端详，我猜他在寻找那老花镜上的小虫子，忍不住想笑。听说李大爷原来烟瘾很大，可是村里规定，农家书屋管理员不允许抽烟，结果他硬是把烟给戒了。

　　管理农家书屋没多少工资，有一次我问他："爷爷，您怎么能做到为了几百元钱，就把烟戒了呢？"他说："因为我喜欢书的味道。""书的味道？"最初我一点也不明白这句话的意思，随着去农家书屋看书次数的增多，我好像渐渐明白了什么是"书的味道"。

　　农家书屋比学校的图书室小多了，藏书也不多，乍一看，难免让人觉得简陋，但它却是村子里的"文化交流中心"。来看书的人三三两两，却如涓涓细流，连绵不断。来的大多是年纪偏大的村民，或是像我这样周末放假回到老家的学生，年轻人很少，他们大多到城里工作去了。

农村有许多农活要做，读书对年纪大的农村人来说是一件难事，也是一件奢侈的事，但来村委会走走、顺便到书屋看看的人，也不少见。那天，几个老人在书屋碰上了，赶上太阳正好，他们又恰巧想歇一歇，便在书屋前的石凳上坐下，守书屋的李大爷泡上一壶茶，陪着他们聊起天来。他们谈古论今，一会儿争得面红耳赤，一会儿哈哈大笑……小小的书屋，是他们在这大山深处放眼看世界的窗口，也是他们在忙碌的劳动之余交流情感的地方。看着他们那惬意的模样，我似乎明白了李大爷的放弃和坚守。

后来，每次周末回家，我总要去书屋看看。书屋成了我心中的一盏灯，既温暖着我，又吸引着我。从此，我也多了一份期待——去书屋坐坐，看看书，也看看李大爷，收获阅读的宁静，闻一闻"书的味道"，这种感觉真好！

我爱上了家乡的"百草园"。

学　　校：云南省曲靖市宣威市田坝镇中心完小
指导教师：周全喜

我的书屋·我的梦

◎吴一山

随着书页翻动，我来到三国时期，和诸葛亮一起创造"木牛流马"；来到北宋末年，和一百单八个梁山好汉谈天说地；来到奥林匹斯山，和宙斯一起掌管人间……在我的书屋，我感到放松、愉快、自由自在，任思想放飞。

我的书屋不大，但是整齐干净。最亮眼的便是那长一米五、高一米八的六层大书架，上面整整齐齐地摆满了我喜爱的书，有《鲁滨孙漂流记》《在人间》《史记》《西游记》……

最近我偶然看到一本《狼牙山五壮士》，书皮已发黄，书页已破损，即使这样也挡不住我翻开它的兴致。端坐在书桌旁，我翻开这本书，里面的故事立刻吸引了我。狼牙山五壮士，不惜牺牲自己的生命，也要为大部队争取撤退的时间。当他们弹尽粮绝时，为了不成为敌人的俘虏，五个人毁掉枪支，宁死不屈，勇敢而悲壮地跳下悬崖。读到这里，我泪流满面，他们的壮举是多么惊人啊！我的心久久平静不下来。后来得知葛振林、宋学义被山腰上的树枝挂住而幸免于难，我才略感欣慰。我希望英雄永远活着！我要向英雄致敬！我要歌颂英雄！我要向英雄学习！因此我的书架上又多了许多书，有《暴风骤雨》《炮火硝烟的战争》……

作为一名少先队员，我立下宏愿：我要为祖国建设、发展做贡献，长大后要当一名将军，要为祖国的军事发展和国防事业出一份力。

学　　校：陕西省咸阳市乾县黉学门小学
指导教师：何燕歌

读《立马中条》有感

◎张泽予

给我一本书，不管我当时在哪儿，我都能津津有味地读起来。

如果在客厅，好办，坐着看；在卧室呢，卧着看。就连上厕所，我也喜欢捧着一本书看。手边没有图书的话，说明书和传单也可以看，只要是有文字的东西，我都喜欢拿来看看。

暑假，听说村里的书屋又添了许多书，我三天两头就去读书，我总喜欢从书堆里找没有看过的好书看，往往看完还总想着书中的精彩情节。

这天，我在书屋又发现了一本很厚很大的书，书名叫《立马中条》。我还以为是哪本杂志的合订本呢，翻开一看，才知道原来是讲抗日战争时期三万"陕西冷娃"（指陕西关中地区的青年男性）誓死捍卫黄河天险的故事。我想着这些故事应该很精彩，便用三天时间看了一遍，看得不仔细，只觉得挺有意思，还笑了几声。可我看第二遍时就笑不出来了，尤其看到八百壮士被日本人逼至悬崖边上，高喊着"宁跳黄河死，不做亡国奴"跳进黄河时，我的眼眶不觉地湿润了，为800多名还不到20岁的战士流了好多眼泪。读完后，我决定要学习战士们身上的宝贵品质。

我还有一个梦想，那就是当航天员。为什么会有这种想法呢？也与读书有关。我上幼儿园中班时经常到图书馆找书看，偶然间看见了一幅航天员在太空中的图片，真帅气！从此以后，我便梦想着要成为航天员，坐飞船去实现我的梦想，探索太空，为祖国发展做贡献！

不多说了，我先回书屋看书啦！

学　　校：陕西省商洛市洛南县西街小学
指导教师：杨秀丽

农家书屋，梦想起航的地方

◎ 王译婕

推开那扇涂满褐色油漆的木门，迎面飘来了一股浓烈的墨香味儿。走进书屋，首先映入眼帘的是墙壁上的一行字："书籍是人类进步的阶梯。"书屋大约有90平方米，四周摆放着一个个木质书柜，一排排琳琅满目的图书正倚靠在书柜里。书屋中间是一套套崭新的桌椅，桌面上还有几台电脑，便于人们查阅资料。茶余饭后，村民们常来农家书屋里看书。

瞧！在一个角落里，一位鼻梁上搭着老花镜的老爷爷正捧着书，一字一句、轻声细语地讲给轮椅上那位满头银丝的老奶奶听。只见她眼睛眯成一条细缝，显得分外慈祥。虽然老奶奶年事已高、腿脚不便，但老爷爷用文学悉心地浇灌与滋养她的精神世界，使老奶奶的晚年生活更加丰富多彩——这便是老爷爷的梦。

看！窗边的座位上，一位青年男子，年轻体壮，身上穿着洁净的衬衫西裤，使他魁梧的身形多了几分精气神。每次我来书屋总能见到他，他经常翻阅种植养殖类书籍。他就是我们村的村主任，听说他大学毕业后就回来当了"村官"，带领村民发家致富奔小康——这便是年轻"村官"的梦。

我最喜欢读的是红色题材图书。一本本红色题材图书让我徜徉在红色历史的海洋里，感受着无数革命先烈出生入死、前赴后继的爱国情怀。书中有许云峰、江姐、黄继光、董存瑞那样铁骨铮铮的英雄，还有遇事沉着冷静的小兵张嘎、聪明机智的王二小、临危不惧的小雨来、勇敢无畏的潘冬子……在那血色弥漫的岁月里，他们都留下了动人的故事。读了这些大英雄、小英雄的故事，了解了他们泪血交织的奋斗历程之后，我感叹今天幸福生活的来之不易。生在红旗下、长在新中国的我，更要珍惜现在的生活，好好学习，长大后成为一个对社会、对国家有贡献的人。"请党放心，强国有我"——这便是我的梦。

"书是打开人类智慧之门的钥匙，书是照亮人类成功之路的灯光。"而农家书屋，不仅让村里像我一样的小孩开阔了眼界，增长了知识，也让村里老年人的生活更加丰富多彩，让村民的精神更加充实富足。

农家书屋，梦想起航的地方，"村村有书屋，户户飘书香"——这就是我的书屋梦！

学　　校：甘肃省白银市平川区第三中学
指导教师：张　敏

我的书屋·我的梦

◎顾静桂

清晨，我总爱坐在书桌前，迎着初升的骄阳，捧着一本书，沉醉在泛着墨香的文字中。

我爱读书，它使我视野开阔，知识渊博；我爱读书，它使我心情愉悦，忘却烦恼。正如高尔基所说："我扑在书上，就像饥饿的人扑在面包上。"读书，让我在人生的路上脚踏实地，收获硕果；读书，让我在知识的海洋尽情畅游，点燃希望；读书，让我在追求理想的征途上披荆斩棘，奋勇向前。

早年家里穷，爸妈微薄的工资只够维持家用。我爱读书，但无书可读，对于那时的我来说，课本就是最好的书，可课本中的故事远远满足不了我阅读的需求，我多么希望能有一间书屋啊！

这时，党的好政策如浩荡春风，吹遍了大江南北。带着党的温暖，农家书屋飞向了农村，解决了农民买书难、借书难、读书难的问题。在党和政府的关怀下，我们村的农家书屋很快地建立起来。这间 30 多平方米的屋子干净明亮，屋子中央摆着几张长桌，四周是宽大的书柜，打开书柜，一本本图书整齐地码在书架上，有农科类的、生活类的、文学类的……农家书屋里最显眼的是挂在墙上的一句名言："书籍是人类进步的阶梯。"

放学后，我常常流连于书屋，忘了回家，忘了吃饭，奶奶叫我"书呆子"，妈妈叫我"小书迷"。从书中，我了解了古今历史名人、世界名山大川、各地独特风俗。读《红楼梦》，我感受到"满纸荒唐言，一把辛酸泪"的悲欢情愁；读《史记》，我感受到"史家之绝唱，无韵之《离骚》"的妙言要道；读《假如给我三天光明》，我感受到"把你活着的每一天当作你的最后一天"的爱日惜力……众多作者笔下的一个个鲜活的人物，让我不仅学到了很多知识，还懂得了做人的道理。农家书屋真是我的精神乐园。

农家书屋更是村民们的智慧宝库。每当夜晚来临，乡亲们也来到这里，他们有的查看养殖技术类图书，有的翻阅耕种技术类图书，有的寻找科技类图书，脸上写满了对知识的渴求。还有一些大婶围坐在一起，研究菜谱，想给辛苦工作的家人献上一桌可口的饭菜。村庄里没了酒令声，没了麻将声，没了吵闹声。村民们脸上洋溢着幸福满足的微笑，家乡悄悄发生着巨大的变化，群众的精神面貌焕然一新，人与人之间和谐相处，村与村之间文明往来，到处一片欣欣向荣的景象。

感谢你，农家书屋，是你让我和乡亲们徜徉在知识的海洋里，是你圆了我的读书梦。感谢你，农家书屋，你是我梦开始的地方！

学　　校：甘肃省白银市景泰县红水镇城华小学
指导教师：韩志学

我的书屋

我的梦

海南 / 朱王菲 绘

我的书屋·我的梦

◎马 欣

一个高大的白漆书柜，一盆盆苍翠欲滴的绿植，一朵朵馥郁的鲜花，几扇玻璃窗户旁边摆放着一套桌椅，这就是我温馨的书屋。虽然没有奢侈的家具、华丽的装饰，但书屋却承载了我大大小小的梦想，是我的一方净土。每逢闲暇，我都迫不及待地去书屋里品读书籍，滋润心灵。窗外，一棵挺拔粗壮的白杨树随着四季变化而变换颜色，有时还有一两只麻雀落在上面歌唱。我拿起书伫立窗前，思绪万千，窗外的风景令我不禁感叹："多好啊……"

"多好啊"这一句感叹使我的思绪飘回书本中。一则则红色故事惊心动魄，一句句豪迈誓言气壮山河！毛泽东的《七律·长征》雄浑磅礴，让我见识了红军两万五千里长征路上的艰难险阻；《倔强的小红军》让我感受到小红军战士在生死考验面前，宁可牺牲自己也不愿拖累别人的可贵精神；《狼牙山五壮士》让我见识到五位战士为了掩护群众和连队转移而英勇跳崖的崇高爱国精神；《黄继光》让我感受到为了战斗的胜利，战士黄继光舍身堵枪眼的勇敢无畏、忠于祖国的革命精神；《歌唱二小放牛郎》让我见识了什么叫"有志不在年高"，王二小沉着冷静的品质深深震撼了我。

历史不容遗忘，吾辈更当自强。千千万英雄前赴后继，一位位战士拼死捍卫，换来今天的太平盛世。我们生活在和平时代，不用面对枪林弹雨、血雨腥风，更要时刻敲响警钟，把周恩来总理"为中华之崛起而读书"铭记于心，发奋图强，为报效祖国而努力拼搏。

"多好啊"这一句感叹使我的思绪飘到了过去的青海。以前这里都是崎岖不平的黄泥路，家家户户都是简易破旧的土坯房屋，花草树木寥寥无几，到处都是黄沙，生活垃圾随处可见，环境问题一直牵动着家乡人民的心。幸福生活不只在于丰衣足食，也在于碧水蓝天。经过家乡政府和人民的努力，家乡面貌彻底改变。一栋栋高楼大厦拔地而起，一条条笔直的柏油路代替了黄泥路，街道两旁矗立着一排排明亮的路灯，河流清澈见底，花草树木枝繁叶茂，为家乡风貌添加色彩，"干净""美丽"成了家乡的形容词。现在的青海已实现全面建成小康社会的目标，景色越发优美，有"天空之镜"美称的茶卡盐湖、中国最大的咸水湖——青海湖、晶莹剔透的翡翠湖、庄严巍峨的塔尔寺等景点，吸引了大量游客。我的家乡也被称作"拉面之乡"，许多师傅借助精湛的拉面手艺发家致富，这里每年还会举办一次拉面大赛呢！

青藏铁路的修建也是家乡建设的一件大事。自1958年起，一批又一批铁路人奋斗在青藏线上，挑战人类极限，抵抗严寒缺氧的恶劣环境，历尽艰辛。2006年7月1日，青藏铁路全线建成通车，这条凝聚着几代铁路人奉献与心血的铁路，载着家乡人民向幸福前进！

我还了解到家乡的时代楷模——尕布龙。尕布龙身为干部,时刻心系群众,即使退休也没有放下手中的活儿,用自己的汗水染绿了西宁山川,使此地从"缺林少绿"变为"绿水青山"。他甘守清贫、一心为公的高贵品质,深深地印在了我心里。

如今,时代的接力棒像火炬一样传到我们新时代少先队员手中,我们必须握好这根接力棒,奋力向前跑。"故今日之责任,不在他人,而全在我少年。"我们当前的任务就是树立远大理想,不停止学习的步伐,从书本中获得知识,争做对祖国、对社会有贡献的少年!

学　　校:青海省海东市化隆回族自治县思源实验学校
指导教师:马淑珍

农家书屋放飞我的梦想

◎依斯坎代尔·伊斯马伊力

"我扑在书上，就像饥饿的人扑在面包上。"这是一代文学大师高尔基的名言，也是我最喜欢的一句话。每当想起这句话，我就盼望着到104团连兴社区的农家书屋去——那个给我自信、给我力量、让我放飞梦想的地方。

我叫依斯坎代尔·伊斯马伊力，出生在阿克苏拜城。六年前，我的爸爸妈妈带着我来到乌鲁木齐，租住在九鼎新世纪城连兴社区。平时爸爸妈妈四处打工，我就一个人在家，写完作业，无聊无趣是我最大的苦恼。

有一次，我到社区帮妈妈拿快递，竟然发现社区里有个农家书屋。当时我心花怒放，怯生生地伸长脖子往屋里窥视：书屋不大，墙壁雪白。东墙高高的位置上，贴着蓝底黑字的名人名言"我扑在书上，就像饥饿的人扑在面包上"。靠墙的书架上摆放着整齐的图书。西墙有一扇窗户，玻璃擦得干干净净，南墙挂着世界地图和中国地图，书屋中间放着一张大大的长桌，桌子四周摆放着配套的条凳。有几位老人在读书、看报。我环顾四周，吞吞吐吐地问值班叔叔："叔叔，我……我能进去看……看……书吗？"叔叔和蔼可

亲地说："可以，可以。"啊，那一刻，我多高兴呀！

我爱上了读书。每天一做完家庭作业，我就去农家书屋看书。里面的书可多啦！有中国古典四大名著《红楼梦》《西游记》《三国演义》《水浒传》，有经典童话故事《格林童话》《安徒生童话》，有外国文学名著《钢铁是怎样炼成的》《老人与海》，还有各种科学丛书……真是应有尽有。

我最喜欢《钢铁是怎样炼成的》。通过阅读，我了解到作者尼古拉·奥斯特洛夫斯基写此书时，已经双目失明，全身瘫痪，这部书是他强忍病痛在床榻上历时三年才写成的。我被作者不向命运屈服、克服种种困难、坚持不懈的精神深深地感动着、影响着。当遇到难题时，我会多读题，认真寻找突破点；当和同学发生矛盾时，我会换位思考，先找找自己的错误；当考试成绩不理想时，我脑海中会浮现出尼古拉·奥斯特洛夫斯基不向命运屈服的画面。我时时提醒自己要坚强、努力，胜利就在前面。慢慢地我更爱读书了，我的学习成绩也提高了。

我感谢社区的农家书屋，它让我沐浴在知识的阳光里，感受到中华文化的源远流长，增长了知识；它让我与书中的人物谈天说地，感悟新时代生活的美好，懂得了感恩。每次走进社区农家书屋，看到白墙上"我扑在书上，就像饥饿的人扑在面包上"这句名言时，仿佛有一种声音大声告诉我："好好读书，小巴郎！"

学　　校：新疆生产建设兵团第十二师 104 团中心小学
指导教师：王灵格

中学卷

漫步书中人生

◎王梓洋

每次迈进这个书香四溢的地方，我都会沉浸其中，阅读伴随着我的青春。

初 识

这是永安社区前些年新建立的图书室。从它正式开放起，每周末我都会来这里阅读。这里陈列的图书牵引着我，去漫步书中的人生。

这间图书室并不高大华丽，一间不大的屋子简洁又干净，藏书少而精，透露出一种质朴的感觉。每逢假期，我在这里一待就是一整天，随心翻阅各种图书。书页墨香犹存，写着古人充满智慧的言语。从"弟子规，圣人训"到"关关雎鸠，在河之洲"，我虽然成天念叨，却不理解其含义，只觉得它们具有音律美。再后来，诸如四大名著之类的古典文学摆上书架。《红楼梦》成为我当时的最爱，我既感动于林黛玉、贾宝玉二人的爱情悲剧，也被大观园里的姐妹情所感染。这些书成了我的精神食粮。

相 知

随着年龄的增长，我开始读像字典一样厚的书了，但这还不能满足我对知识的渴望。我喜欢在图书室翻阅文言文和古诗，从前看起来生涩无味的内容变得很有趣味。在烈日下，吟一句"山中凉可喜，涧水一泓冰"，我顿时觉得一股无名清泉浇灌在心中；在寒冬时，吟一句"溪柴火软蛮毡暖，我与狸奴不出门"，我感到浑身温暖、惬意。我开始理解诗词中的意味。

深　交

在图书室读书，除了提升文学素养，我还明白了许多人生道理："夕阳无限好，只是近黄昏"告诉我美好的事物是短暂的，要珍惜当下；"问君何能尔？心远地自偏"告诉我要保持内心的宁静与澄澈，才能不被俗事所扰；《论语》更是如人生导师一样，教我学习应有的态度和方法，以及为人处世的智慧。高尔基说过："书籍是人类进步的阶梯。"小小的书屋蕴含着大大的能量。

随着图书室里的藏书越来越多，我的收获也越来越多。从初识到相知再到深交，读书贯穿了我的生活。而图书室像一座庇护所，虽然不大，却让我有一方天地安放身心。社区书屋里的一本本图书，教会了我如何生活、做人和成长。它们让我的思想长出翅膀，让我展翅高飞，一步步接近我的梦，我的中国梦！我愿意徜徉在书的世界中，踏寻千种风月，漫步书中人生！

学　　校：北京市延庆区十一中学
指导教师：谷东兰

追着光明　勇毅前行

——读《逐光的孩子》有感

◎李佳轩

读作家舒晓波《逐光的孩子》这本书，我的心弦一次次被拨动，灵魂一次次被激励，心情久久无法平复。

齐老师、苏老师走山路家访劝学的场景，在我眼前浮现。"趁我还能走，咱们把班上每个孩子家里都走一趟怎么样？"齐老师这富有诗意的倡议，虽不算豪言壮语，却是人世间最动人的语言。三年多的时间里，齐老师——一个拖着一条假肢的老师，苏老师——一个戴着假眼的老师，两个身有残疾的人，全然不顾翻山越岭的艰辛，几乎走遍了场部和蓝溪地界的所有山林，用智力扶贫，在平凡的岗位上干出了不平凡的事！

读着书，一幅幅画面在我眼前铺开：在崎岖陡峭的山路上，齐老师跌倒了，小男孩郑天齐安慰道："老师……不要哭！"当汹涌的洪峰拍打着吊桥，女孩戚海燕安慰说："苏老师，不要怕！"我的眼泪再也忍不住，耳畔不断响起那熟悉的旋律："黎明的那道光，会越过黑暗，打破一切恐惧，我能找到答案；哪怕要逆着光，就驱散黑暗，丢弃所有的负担，不再孤单……"齐老师、苏老师都经历过人生的至暗时刻，可他们却逆着光勇毅前行，用光照亮孩子们前行的路，牵引孩子们走出大山，不仅指引孩子们实现了梦想，也实现了自己的人生价值。

合上《逐光的孩子》，我闭上眼，眼前浮现出齐老师、苏老师高大的形象，想到他们为了梦想不畏困难坚毅前行。他们用行动告诉我一个深刻道理：奋斗的青春最美丽。在深受感动和鼓舞的同时，我深刻检视了自己。

我出生于知识分子家庭，奶奶是老师，爸爸妈妈也是老师，他们非常重视我的学习，为我提供了好的生活环境和学习条件。我从小淘气，爱耍小聪明，学习成绩不好不坏。新冠肺炎疫情期间，我断断续续上了三年网课，没有了老师的约束与小伙伴之间的竞争，我松懈了，几乎"失魂"了。为了让我专心学习，爸爸妈妈给我准备了独立的房间，而我却在这个独立空间里，把网课页面往后台一移，调出游戏界面，一边听网课，一边玩游戏，不亦乐乎！爸爸妈妈每次看我的时候，我都老老实实坐在那里"学习"，他们哪里知道，我脑子里有一半是游戏中那点事！读了《逐光的孩子》之后，书中那句"人的价值在于是不是有人需要你"让我有所领悟：我该正视自己了，我到底该追求怎样的人生呢？一天天这样玩游戏，能像齐老师、苏老师那样实现人生价值吗？只靠耍小聪明，没有脚踏实地的努力、没有日复一日的付出，梦想只会遥不可及。

习近平爷爷说："青春由磨砺而出彩，人生因奋斗而升华。"为了生活，为了实现人生价值，我们需要奋斗；没有奋斗，人生就不会有超越，不可能进步。《逐光的孩子》像暗夜里的一盏灯，带给我光明，指引了我前行的方向。我知道今后前行的道路必然充满坎坷、布满荆棘，但我也是逐光的孩子，我会在齐老师、苏老师的带领下，迎着困难，带着信仰，脚踏实地，勇毅前行。

学　　　校：天津市蓟州区穿芳峪镇初级中学
指导教师：杨月明

书屋点燃梦想，梦想照亮未来

◎祝若婷

"小婷，又来还书啦？"书屋里刘姨亲切的话语传入我耳朵。我应了一声，轻车熟路地将要还的书做好登记，走到书橱再次挑选我感兴趣的图书。

我家在一个三面环山的小村庄。小时候受老师的影响，我喜欢上了读书，整日缠着妈妈要书看。由于家庭条件有限，妈妈每年只能给我买几本书，根本满足不了我的阅读需求，这在当时是件很无奈的事。

我曾幻想着，如果我们村有一个图书馆，我能坐在里面尽情地读书，那该多好啊！通过网络我了解到，早在2005年，国家就有建设农家书屋的工作设想，并已经开始试点，这一消息令我感到振奋。

一天下午，妈妈兴高采烈地回到家，告诉我村里马上就要开设书屋了。得知这一消息，我的心猛烈地跳动起来，我的梦想要成真啦！

没过多久，书屋就建好了。揣着一颗激动的心，我来到了梦寐以求的书屋。

一进门，我就愣住了，书屋藏书之多，覆盖面之广，超乎我的想象。几张书桌摆在中央，书橱依次排列，各类书籍安静地站在里面向我招手：有农业技术类图书，有医疗保健类图书，还有我喜欢的文学类、历史类图书……

一转身，管理员刘姨正在忙着为借阅的村民做登记。虽然时间还早，但来看书的人还真不少。从七八十岁戴着老花镜的爷爷奶奶，到五六岁翻着启蒙读物的孩子，他们透过散发着油墨清香的书页，看到了丰富多彩的世界，透过沙沙的翻书声，领略了古往今来悠久的历史。我也赶紧加入读书的大阵营。

那天回到家，我看到妈妈正和姑姑聊天。妈妈对姑姑说："不仅小婷爱往书屋跑，你哥哥也是。你哥哥以前爱打牌，我们经常为此吵架。自从村里有了这个书屋，他说以后也要多读书，提高文化水平。棋牌室也关门大吉了，他的'牌友'都变成'书友'了，连我们的家庭也越来越和睦了呢。"妈妈脸上洋溢着幸福的笑容。姑姑也笑了，说："隔壁村变化最大了，那个村子以前穷得叮当响，近几年政策好了，因为村里有抗日遗址，有人就去找村委会，建议发展红色旅游。现在建成了远近闻名的红色革命基地，村民也逐渐富裕起来了。听说他们的想法正是从书中看到的，所以说啊，这书屋，真是个好地方……"

"小婷，别愣着了，东边书橱刚到了一批新书，快去看看有没有你喜欢的。"刘姨的话语把我从遥远的思绪中拉了回来。选好书，走出书屋，我脑中又回响起妈妈的话。是啊，这书屋多好！农家书屋传递着党和政府对农民的文化关怀，让村民的精神生活更加充实，带领农村走向致富之路；还点燃了深藏在我心中的梦，为我的作家梦提供充足的养分。看着书屋，我仿佛再次看见了自己美好的梦，还有一个亿万人共同的梦——伟大的中国梦。

　　远处，一轮红红的太阳高高升起，金灿灿的光芒洒向大地。我的内心充满希望与憧憬，我要好好学习，为了实现我的梦想，为了实现共同的梦想！

学　　校：河北省保定市曲阳县路庄子中学
指导教师：冯绍敏

我的书屋·我的梦

◎ 刘嘉瑞

转眼间又迎来暑假，我又来到了日思夜想的农家书屋。

来到书屋，推门而入，我便立刻被暖暖的书香包围。室内宽敞、明亮又安静。几张椅子围着两张长桌，几排书橱整齐划一地排列着，上方挂着一幅英国科学家牛顿的名言："如果说我比别人看得更远些，那是因为我站在巨人的肩上。"我不禁想，"巨人"不就是各式各样的图书吗？

农家书屋里的书真是应有尽有，散文、故事、小说、科普……让我目不暇接，浮想联翩。

阅读战争类的书籍，我仿佛坐着时光机，穿越回战火连天的年代：十指连心，江姐忍着锥心之痛，咬紧牙关，不向敌人吐露一个字；李大钊视死如归，坚定从容，临危不惧……这样的画面一幕幕出现在眼前，这样的英雄人物一个个闪现在脑海。今天的幸福生活是多少革命先烈抛头颅、洒热血换来的呀！我们怎么能不好好珍惜呢？

《傅雷家书》让我明白：在世间，爱是最博大的一种情感；《感恩朋友》

让我懂得：友谊如同一束温暖的阳光，温暖我们的一生；《让青少年感悟一生的哲理故事全集》让我领悟：生活的海洋时而汹涌澎湃，时而平静如镜，我们要坚强地面对，才有可能铸造辉煌的人生。

我从小就有一个梦想——成为一名教书育人的山区教师。

每当我在电视前看到贫困山区那些求知若渴的孩子，便生出怜悯之情。他们是多么热爱学习啊，然而贫困如同恶魔，让他们失去求学的机会。那一瞬间，成为山区教师的梦想便牢牢地扎在我心中。我一定要发奋学习，以后用知识的雨露灌溉他们，让他们走出坑坑洼洼的大山，出人头地，成为祖国的栋梁之材。

现在的我，更加喜欢阅读了。是书，开阔我的视野，陶冶我的情操，带给我全新的世界。成长路上，我的生活因为有书的陪伴更加丰富。此外，随着阅读量的增大，我觉得自己的头脑越来越好使，不仅作文写得快且好，各科成绩也提高了，离梦想越来越近，我真心感谢农家书屋。

学　　校：山西省长治市长子县第二中学校
指导教师：张小琴

我的书屋·我的梦

——"庙"中自有大乾坤

◎张　皓

　　初秋，霞光透过上海庙学校图书馆的玻璃，映照在我手中的《中国通史》上。合上书卷，我闭目回想，似与无数英灵对话，他们或忠肝义胆，或刚正不阿，或忧思天下，或为善一方，他们的处世之道、内心坚守，深深震撼着我。正所谓"书卷多情似故人，晨昏忧乐每相亲"，不知不觉，我已在这个书屋读书、借书八年了，汲取了大量精神养分，起身回望，满目书架，真是"庙"中自有大乾坤。

　　父母年轻时，家里贫困，父母加上爷爷奶奶的工资刚好够维持生活开销，看书是一件很奢侈的事。当时，父母要攒很久的钱才能买一套《水浒传》。买回来后，父亲看完给母亲看，还要借给其他亲戚，想看其他书则只能到街坊邻居那儿去借或换着看。

　　日子长了，旧书读了无数遍，想看新书，又借不到，父母只能费尽心思攒钱，骑摩托车，去离家几十公里外的银川买书。随着经济发展，爱书之人也迎来福音，一家租书店开在了附近，可以付钱借阅。渐渐地，书店也有了，生活水平越来越高，读书成本降低了。

这时，我出生了。在我幼年时，父母便为我添置了绘本，我一下就沉入书中有趣的情境而不可自拔。不过，绘本价格较高，我又读得太快，家中常常缺书读，于是我想，要是有一座大图书馆，我就能自由阅读了。

梦想终于照进现实。六岁，我进入上海庙学校就读，这是一所农牧区乡村学校。说是乡村学校，却拥有一个藏书 30000 多册的大图书馆。开学第一堂语文课就是在图书馆上的，老师带领我们诵读《千字文》，"天地玄黄，宇宙洪荒"，古文的音韵美深深印在我幼小的心灵上，我的图书馆阅读之路开启。

凭着一张小小的读书卡，我实现了"读书自由"。八年来，我已经借阅了百余本图书，从名人传记到科普图书，从名著故事到文学小说，书籍为我智识的增长打开了一道门、铺平了一条路。七年级时，我还加入了"三YUE"读书社团，爱上读书，享受读书，通过读书遇见更好的自己。

望着窗外落日，看着屋内书籍，我脑中闪过上海庙人的读书变迁史：从放着羊读书，到坐在大梁车后座上读书，到骑着摩托车买书、换书、租书、再到坐在窗明几净的书屋中读书……草原儿女读书的画面仿佛历历在目。我暗下决心，今日之读书，为明日之圆梦做准备，明日之我必将让更多乡村青少年圆读书梦，告诉他们要为建设美好家乡而努力读书，同心共筑伟大中国梦。

学　　校：内蒙古自治区鄂尔多斯市鄂托克前旗上海庙学校
指导教师：张春学

湖南 / 包淑欢　绘

有梦的小书屋

◎闫紫轩

这个春节，爸爸妈妈还是不会回家，一想到这个我心里就很难过。爸爸妈妈外出打工，都走了三年了。我已经读初二了，从小学生成为中学生，每次想爸爸妈妈的时候，只能趁着假期回家和他们视频通话，缓解一下思念之情。

"小轩，怎么了，又想爸妈了？"姑姑不知道什么时候走了进来，看着坐在窗前发呆的我关切地问道。我低下头，眼泪不争气地流了出来。

姑姑心疼地抱住我，摸着我的头安慰道："没办法呀，他们也想你啊，能怎么办呢？你的奶奶身体不好需要钱，你上学也需要钱，家里的房子也该修一修了，都需要钱啊！"姑姑又拉过我的手继续说："没有你爸妈在外面打拼，咱们家的日子啊……你可得争气，将来到你爸妈打工的城市上大学，那样不就能天天和他们在一起了吗？"

"姑姑，咱们村这些年出过大学生吗？考大学太难了，就咱们农村这条件……"我抬头看着姑姑，叹了口气，"要是有一个图书馆，我天天泡在书里，就不会那么想爸爸妈妈了。说不定，真能考个好大学，真能到爸妈打工的城亍读书，那该多好啊！"姑姑突然接过话茬："对了，你不说这图书馆我还忘了告诉你，咱们村有书屋了，是国家为了方便咱们农民看书，解决咱们'买书难、借书难、看书难'的问题建的。有了这个书屋，农民可以多看书，提高文化水平，像你这样爸妈不在身边的孩子假期也有了好去处，多好啊！"

"真的吗？"我吃惊地问道。

"当然啦，你借住在姥姥家，又住校读书，快一年没回来了，咱们村变化可大着呢！"说到这里，姑姑拉着我就往外走，"走，姑姑领你去看看。"

我们走到村中间，一座精美的小屋赫然出现在眼前。咦，这里不是乡亲们闲暇时打扑克、搓麻将、聊闲天的地方吗？姑姑看出了我的疑惑，笑着说："那是以前，现在大家伙尝到读书的甜头了。对了，你还记得你的好朋友晓楠的爸妈吗？他们不在外地打工了，有国家政策扶持，就回来办了养猪场，这一年的收入抵得上在外打拼两年，说不定一会儿你还能在书屋看见他们呢。"

我和姑姑走进了书屋，屋里暖暖的，座无虚席。柔和的灯光照亮了屋里的每个角落，这里静悄悄的，没有人说话，只偶尔有翻书的声音。这时，我一眼就看到了晓楠的妈妈，她正聚精会神地看书，并不时地在厚厚的笔记本上记着什么。我正想走过去打个招呼，姑姑却一把拉住我，用食指竖在嘴边示意我不要出声。我立马明白了，轻手轻脚地走到书架前，按照索引，找到自己想看的书，又找到一个靠窗的座位，坐下读了起来……

不知不觉，这本图文并茂的图书就看了大半，我揉了揉微微发酸的眼睛，见姑姑也正读得出神。我走到借阅处做了图书借阅登记，准备把书带回家接着读。姑姑也有此想法，做好登记以后，我俩便一起走出了书屋。

"姑姑，晓楠的爸妈都回来了，那晓楠呢？"我忍不住问姑姑。姑姑说："晓楠大专毕业后在外打拼了一段时间，听说国家对农村有政策扶持，就强烈建议爸妈回家创业。这不，他们成功了。晓楠现在正接受培训呢，听说他想给咱们村的书屋买更多的书，他要让咱们村的人都富起来，让在外面打工的都能回家。"我一听，激动地说："那我的爸妈也能回来，我就能天天见到他们了。""你不想好好读书，到你爸妈打工的城市念大学了？""大学一定要考，将来还要给咱们村建一个更大的图书馆，让农村孩子拥有和城里孩子一样的读书条件。"听了我的话，姑姑高兴地说："有志气！"

细雪轻扬，书屋的灯光点亮了小山村，我的生活也不再单调。

学　　校：辽宁省抚顺市新宾满族自治县榆树乡中学
指导教师：张春娟

我的书屋·我的梦

◎李美含

"世界上任何书籍都不能带给你好运,但是它们能让你悄悄成为你自己。"这句赫尔曼·黑塞的名言,你听过吗?就算没听过这句,你肯定也听过其他关于读书的名言。大人们常常说,书是人生的指路灯,有了知识我们才有更多选择。儿时的我听父母这么说,只觉得唠叨,并没有意识到书的重要性,读书也是囫囵吞枣,应付了事,直到那次我发现读书的乐趣。

那是假期里的一天,爸爸妈妈都出差了,留我一个人在家。当时,我正在玩手机,家里突然停电了。尽管有应急灯可以照明,但停电了,网络就断了,手机游戏是玩不了了。无聊至极,我突然注意到书房里那个棕红色的大书柜,随手拿了一本书来读,读了一会儿竟发现十分有趣。读着读着,突然来电了,但我还是没有把书放下;当我放下书看钟表时,发现自己已经读了三个小时。平时读十分钟书我就感觉像读了一小时,可这次读了三小时,我却觉得只过了三分钟。从此以后,我慢慢地喜欢上了读书。

长大以后,我再回过头去看这个事情时,发现很多事情只有尝试过,才知道其中的乐趣，你不尝试又怎会知道呢？与书香相伴，就是与智慧同行。整天玩手机游戏，只会浪费光阴，倒不如用这些时间来读书学习，开阔眼界。

读一本好书就像与名人交谈。鲁迅告诉我，地上本没有路，走的人多了，也便有了路。是啊，不管什么时候，哪怕前方没有路，只要自己英勇无畏，敢于挑战，就能走出一条属于自己的道路。

现在，对我来说，人生中最快乐的事情莫过于读书。读书，让我的每一天过得充实而有意义；读书，让我放飞梦想，让青春在梦想的蓝天下自由翱翔！

学　　校：黑龙江省齐齐哈尔市碾子山区振华中学
指导教师：王　爽

书屋里的梦

◎李心怡

2022 年是平凡又不平凡的一年：说它平凡，是因为我们的生活年复一年；但对我来说，它却很不寻常，这一年我几乎有一半的学习时间不在学校而是在书房，4、5 月份除了出门做核酸检测，其他时间我根本没机会外出，去不了学校，也去不了图书馆，这样的日子让我格外怀念村子里的农家书屋。

可能有人觉得农家书屋里的书籍老旧，内容相对单一，但在足不出户的日子里，农家书屋于我是一种自由的象征。我可以约小伙伴去那里看书，看老爷爷下棋，听伯伯们谈天，傍晚还能在书屋门前的空地上看阿姨们跳广场舞……农家书屋对娱乐活动并不丰富的农村老百姓来说，除了是"阅览室"，还是"客堂汇""宣传窗口""休闲广场"，不仅让闲着没事的老人们有了去处，更丰富了很多人的精神世界。

对我来说，它更是一种美好的梦想，生活中的一缕阳光。平日，我要面对繁重的学习压力、数不清的练习卷和考题。在闲暇时间去农家书屋坐一坐，真是很放松的享受。农家书屋里的科普杂志、新闻报刊都是我的心头好，总有一项科技创新或一则时事新闻是我感兴趣的。可因为疫情，2022年上半年书屋几乎就没有开放过，这多少让我有点难过，等到书屋再次开放已经是下半年了。

由于去不了农家书屋，我脑中冒出一个想法：传统的书屋只能自己前往，坐在里面阅读，就像只能堂食的饭馆，如果饭馆开放了外卖，我坐在家动动手指，美味可口的食物就能送到家里来，书籍为什么不可以这样呢？如果开创一个"农村云书屋"，把书籍发布到云书屋里，读者下载手机软件，去那上面选择想要阅览的读物，预约使用时间，终端派书屋管理员或志愿者配送到家，还书的时候则通过快递，那该多好啊！这样一来，农家书屋不用面对关门的窘境，那些图书也可以继续发挥作用，让足不出户的日子都有了光亮。

上海的新农村建设正大步迈进，我觉得是时候做一些创新尝试了，新时代的新农村应该甩掉"荒地""乡土""落后"等标签，体现科学和创新。

学　　校：上海市嘉定区练川实验学校

山东/纪战莉　绘

最是四时读书乐
——我与农家书屋的四季读书故事

◎瞿　楷

小区的农家书屋，是个令人向往的美好地方。打开红木大门，首先映入眼帘的是一个具有个性的读书 logo（标志）。再往里走，是一个宽敞明亮的阅览室。一排排高大的书架耸立在阅览室两旁，书架旁散落着阅读桌、沙发、坐垫等，还有崭新的电子阅读设备，整间阅览室充满了浓浓的科技感。

窗外，绿树成荫，阳光和煦……

春

刚放寒假，我就兴冲冲地直奔书屋。门前挤满了人，原来农家书屋正在举办"写春联，迎新春"活动。在工作人员的建议下，我也写了一副春联。这时，一个银发飘飘的老人走过来："很有墨韵嘛，这副我要了！"

来到书屋里面，我看着那一排排摆放整齐的书，心里有一种说不出的亲切感。来到杂志区，我发现自己心心念念的《航空知识》和《舰船知识》又来了新的一期，连忙捧起一本，开始追踪中国军事科技发展的新动向：中国最新研制的无侦－7、无侦－8亮相航展，垂直起降的舰载战斗机歼－31首飞成功，中国第三艘航空母舰"福建舰"下水……看着这一项项新军事技术，我的骄傲感、自豪感油然而生。

春日暖阳伴着节日的喜庆，笼罩着农家书屋，每本书、每个人身上都散发出金色光芒。

夏

夏日的农家书屋是最繁忙的，不信，你看——

有捧着绘本读得津津有味的幼儿园宝宝，也有沉浸在各类儿童文学作品中的小学生，还不乏前来查找资料的初中生、高中生……不过，最令我感动的是一些白发苍苍的老人，他们每天不仅准时到，还会边读边摘录。看着他们颤颤巍巍的身影，我情不自禁地取下《长征》，沉浸到长征精神的脉动之中……

中国工农红军转战大半个中国，用坚定的信念和不屈的精神，传播着中国共产党人改天换地的革命理想，唤醒了中国千百万民众，给予了他们从未

有过的信仰和希望。习近平总书记教导我们："一代人有一代人的长征，一代人有一代人的担当。"如今，我们也行走在长征路上——"少年强则国强"，征途漫漫，吾辈当自强！

那个夏日，我在"红色经典加油站"里读完了《红星照耀中国》《红岩》……

秋

不知不觉已入秋。再来到书屋，我发现这里增添了一个宣传节约能源的小型展区，不仅有知识展板，还有许多可以体验的设施。我骑上发电自行车，骑了好一会儿，还没产生一度电。我气喘吁吁地下来，满头大汗，深感产生一度电的不易。

从展区出来，正好看到书屋推荐的一排科技图书，我取出一本《七堂极简物理课》。这本书颠覆了我对世界的认知，我脑中建构出一个弯曲的空间，在空气中，粒子正无规律地运动着，物体并不是绝对静止的……

从书屋出来，我正好遇到一群小学生举着鲜艳的队旗前来……

冬

已入严冬，当我拎着书袋到农家书屋换书时，我看到书屋准备组织"人物传记读书报告会"，正在邀请分享者呢！一想到最近刚读完《人类群星闪耀时》，我毫不犹豫地报了名。

活动那天，我分享了自己读这本书的体会。这本书描写了历史上或成功或失败的人物的故事，比如哥伦布、拿破仑、斯科特等，让我明白了历史并不总是由成功人士书写，失败的人也能书写自己的光辉。与会者也和我分享了他们的感受。

当我离开书屋的时候，外面虽然寒意凛然，但我的内心却幸福感满满。

宋末元初的诗人翁森有《四时读书乐》，我有农家书屋，它陪伴着我的阅读四季，而我也见证着书屋的蓬勃发展。我长大后，也要到农家书屋做志愿者！

学　　校：江苏省南通市通州区育才中学
指导教师：丁　锋

燕子·书屋·梦

◎ 谢诗语

压山的红日徘徊在窗边，四周响起阵阵蝉鸣。

"胡了！"隔壁传来麻将摔在桌上的噼啪声。接着，燕子摔门而出。

燕子蹲在一块菜地上，用手抠着泥里的杂草。临近毕业，她的状态却越来越差。"反正考不好就回来种地！"她妈一副无所谓的样子。

夕阳投在燕子脸上，她眼里的泪花折射出晶莹的光。一阵微风裹挟着草木的清香扑面而来，燕子抬头，鸟群呼啦啦飞过。

明天它们会飞向哪里呢？燕子想。

天阴沉下来，接连下了好几天的大雨，而田里的菜却愈发青翠，好像要滴出汁液来。

一天，村里来了工程队，拉来成堆的水泥和沙子。听说要建农家书屋了，燕子一脸激动。在这之前老师就跟他们说了，书屋建好之后，可以营造良好的学习氛围。燕子放学后路过工地，双脚像是被紧紧黏在地上一般，屏住呼吸，站了好一会儿，痴痴地看着。

天晴了，云散开，书屋也建成了。新的书屋有两层，四面都是落地窗，站在书屋内就可以看见大片大片的田野，那般生动。它伫立在田里，顶棚是黑色的，像一只巨大的鸟张开翅膀在空中飞翔。

燕子坐在二楼，轻轻地翻动一本本厚厚的书。她看余秋雨的《文化苦旅》，领略祖国的大好河山；她品白落梅的《苏东坡传》，品味苏东坡的快意人生；她翻王国维的《人间词话》，赏读经典，陶冶情操……

时光落在那薄薄的纸上，燕子奋笔疾书。夕阳的余晖透过硕大的玻璃窗肆无忌惮地洒进来，燕子的睫毛成了金色翅膀的蝴蝶，一直上下翻飞。

街坊邻居也纷纷来书屋看书，他们大多是两鬓斑白的老人，眯着眼睛坐在温馨的书屋里，安详地守在书前，深情而专注。

没人来找燕子妈打麻将了。一天忙碌的劳动后，妇女们不再扯闲谈，搓麻将，而是不约而同地走向书屋。

燕子妈有些局促地站在屋内，四处打量，手在裤子上蹭来蹭去。沿着旋转楼梯拾级而上，脚步发出的轻微声响和书页翻动的声音交织在一起，像一首古老的音乐。她踮起脚尖，小心翼翼地拿下一本书看了起来……

窗外日光弹指过，席间花影坐前移。

燕子像是一匹黑马，铆足了劲向前追赶；燕子妈也从书中汲取了种田的经验，田里的菜长势喜人。她们的脸上红扑扑的，洋溢着幸福的光。

夜里，书屋里的白炽灯明晃晃的，像池塘里的水。燕子的中考成绩出来了，她考上了自己梦想的学校。

天明，燕子看着镜子中的自己，目光多了几分坚定。树林间的光束从燕子身上一道一道掠过，燕子将要飞向更广阔的天空。

学　　校：江苏省扬州市扬大附中东部分校（扬州苏东坡中学）

指导教师：陈　霞

书屋·红色的味道

◎沈瑾萱

书屋静静地坐落在街头的一角。

围墙由一块块泥砖砌成，瓦片参差不齐，在阳光的照耀下，玻璃窗泛了黄，唯有檐下那鲜红的"喜迎党的二十大，奋进新时代，扬帆向未来"的字样像旭日般耀眼。

那个少年，被书屋的书香紧紧包裹着，手捧一本红色封皮的《星火燎原》。少年的心，被书中的故事深深吸引，书中收录了诸多革命先烈的红色记忆。一颗红色的种子从此在少年心中种下了。少年的心怒放着一朵淡黄花蕊的大红花，眼中洋溢着热血的光，那个少年就是我。

第一次深入了解中国共产党，是在一本叫《红船》的书里。这本书全景式地描绘了中国革命的历史，描绘了中国共产党诞生与发展的历程，我看到共产党人劈波斩浪的艰难与辉煌。除了这本书，那间书屋里还有不少红色题材图书，充满着热情与梦想，吸引着不少人的目光。

一位老人，精神矍铄，手捧一本《觉醒年代》，似乎在回味历史的味道。

透过他的坚定的目光，我似乎看到了那个年代，革命先辈不畏艰难，勇往直前，充满勇气与力量。

一位青年，目光坚毅，手捧一本《血战长津湖》。我猜，他或许也想成为那样的英雄，那不畏严寒、视死如归的革命英雄。

一位少年，满脸红润，手捧一本《少年的荣耀》。他一只手托着书，另一只手轻抚着微卷的嫩叶，口中似乎念念有词，仿佛在诉说他的中国梦。

回首细思，这世间哪有什么岁月静好，我们安逸的生活、繁华的城市，无一不是革命先辈用生命换来的。他们的身体倒下了，精神却永远活了下来，百年不朽，被后人铭记在心，化成书的样子，活在我们的心中。

望着前方，他们的精神和书籍搭成了我们奔向梦想的桥梁。我们要做的不仅是记住他们，更要好好地接过重担，完成时代赋予我们的使命。

黄昏时分，我走出农家书屋，来到田野边。老人们手挎果篮结伴而行，我望着他们远去的背影，那是温馨的味道；一辆三轮车缓慢驶来，满载一车稻香，我嗅着，那是收获的味道。

金秋十月，我似乎闻到了梦想的味道。

我手握一本《红星照耀中国》，不由得加快了回家的脚步。

学　　校：江苏省宿迁市泗阳实验初级中学
指导教师：彭晓云

记 忆

◎梁　瑞

　　你关于童年的记忆，是五角钱两包的糖果，是画册，还是拨浪鼓？我的童年记忆，是黏糊的泥巴路，是山上的梨花树，是一本泛黄的书，是奶奶。

　　因为父母工作繁忙，我从小就跟着爷爷奶奶住。他们不是什么大人物，只是普通又平凡的劳动者。

　　"奶奶，这会儿我们去哪儿？"我坐在屋前的长廊上，看着淅淅沥沥的雨间。我们住在山上的木房子里，地势高，我可以俯瞰山下。雨雾浮在空中，迷迷蒙蒙，一切都变成了乳白色。奶奶换好了雨鞋，答道："今天咱去对门山上摘梨花回来做梨花糕好不好？"年幼的我对糕点没有抵抗力，连声答应，随奶奶出了门。

　　下山的路并不好走，先要走过山间的窄草地，下面是田坝，稍有不慎就会摔下去。好不容易到了平地，难事却又来了一件：雨水稀释了泥巴，路又软又脏，坑坑洼洼。我站在原地不动，奶奶却蹲下身子，喊我爬到她背上去。

一脚下地，泥水泛起涟漪，奶奶的脚也被软泥包裹着，陷了进去，每一次拔出，泥水都会顺势沾上奶奶的雨鞋。我们就这样深一脚浅一脚地赶路。路程实在不算短，奶奶的额头渗出汗水，有几颗顺着两鬓流下来，浸湿了她耳边的白发。我以为奶奶累得哭了，悄悄抱怨为什么是泥巴路，甚至恨自己太重，歉意从心底生出。我伸手抚摸奶奶的脸，那上面布满皱纹，抹掉了那所谓的泪。我说："对不起奶奶，你不要哭。"奶奶却笑了，还安慰我。走了好一会儿，我们终于到了梨花树前。

雨打湿了花叶，淡淡的清香传来，层层树叶间零星点缀着朵朵花儿，它们随着颤动的树枝翩翩起舞，那么妩媚迷人。它们默默地开着，淡绿或淡粉的花蕊，浅睡在白玉般的花瓣里。我忍不住用手去触摸，却又轻轻缩回，生怕弄脏了梨花。奶奶拍拍我的头，接着便自己去摘梨花。因为常年劳作，奶奶动作利落，没一会儿就完工了，我们又踏上回家的路。

后来我如愿吃上梨花糕，奶奶同我坐在长廊上，她翻开一本旧书，用沙哑的嗓音缓缓诵读，唇齿间流出的文字似小溪，我就在这样的午后沉沉睡去。

冬日暖阳倾洒而下，落在一排排树木之上，阳光穿过层层叠叠的枝叶，投下满地斑驳的光影。这光也将我照醒，爸爸开口道："醒了？也快到家了。"

透过车窗遥望远方，家乡的小路隐没在郁郁葱葱的树木中，不见踪影。

到家，一切变了模样。我去看当年那棵梨花树，已不见它的踪影。柏油马路是坚硬的、平整的、漂亮的。奶奶那本扉页破烂的书被我从角落翻出，一种难言的怀念之情向外涌，那破损发黄的褶皱里藏着岁月的痕迹。

泪水纵横交错地流，在我脸上织成了一张网。而我的奶奶，随着那缕清香、那本旧书、那年的泥土地消失不见，消失在了岁月中。

学　　校：浙江省温州市瑞安市塘下镇场桥中学
指导教师：尹思雅

书屋，梦想起航的地方

◎汪容卿

秋风瑟瑟，一片片黄叶打着旋飘落，冷冷的秋阳躲进厚厚的云层。

1912年，安庆城，南水关巷22号——

一间破败的书屋，却承载着太多历史：青灰的瓦片，红漆斑驳的木门，残破不堪的砖石墙……人们或许早已遗忘这看似普通的晚清遗迹，只有屋后的梧桐树依稀记得，两位少年曾在这里，激荡出旖旎的梦。

夕阳泛着赭赤的光，缓缓沉下地平线。屋内静悄悄的，只隐约听见笔尖划过宣纸的沙沙声；屋里黑漆漆的，只模糊望见两位少年在书桌前忙碌的身影。"天黑了，我去点根蜡烛，好继续阅读这份文稿！"大哥陈延年站起来。"嗯！"二弟陈乔年没有分心，在宣纸上写下工工整整的一笔。一星微弱的烛光闪烁，照亮了两个少年的面庞……这间书屋见证了中华儿女梦想的起航！

冬风凛凛，吹败麦浪，余下一片荒凉，只有那香樟树常绿吐芬芳。

1937年，延安城，凤凰山麓吴家院——

一间低矮的书屋由窑洞改成，整齐、朴素。四壁泥塑，门窗木制，虽经过整修，却仍有岁月痕迹。屋前，香樟树叶随风摇曳；屋内，毛泽东正奋笔疾书，夜深仍笔耕不辍。文稿很厚，他的批注和修改极为认真、仔细。他持笔的手皲裂，和他的唇一样有些苍白，胳膊上渗出密密麻麻的汗珠，稍一用力便疼得厉害。可在这里，《实践论》《矛盾论》等重要著作相继完成；在这里，外国友人、爱国华侨与他热烈讨论。灯下，翻开了厚厚一沓稿纸，翻开了一个飞驰的梦想，翻开了中国共产党的红色征程……这间书屋印证了中华儿女追逐梦想的毅力！

春风习习，吹走白雪皑皑，迎来一轮红日，照耀八方四海。

2022 年，池州城，殷汇镇灌口村——

一栋简朴的书屋，红漆刷就，坐落于村部旁，门楣上雕刻着"农家书屋"四个大字。屋前小院内，种着一些荼蘼花，它们在暮春的风中争奇斗艳。屋内的孩子们，正如饥似渴地汲取知识的养料。

两排书架上，整整齐齐的书、两盆参差的文竹、一串振翅的纸鹤多么和谐。屋中的长椅上，孩子们三三两两，安静地坐着看书，眼眸闪着明亮的光。我走近一张长椅，几个孩子正读着红色题材图书：《可爱的中国》《长征》《红岩》……他们瞪大了眼，嘴唇微张，沉醉于书中的世界。阳光流泻，照亮了知识的海洋，照亮了中国共产党领导下美好的生活……这间书屋体现了中华儿女梦想的盛放！

书屋，是梦想的印证。二陈读书的书屋见证梦想之始，星火已燃；毛泽东执笔的书屋印证梦想之路，星火燎原；现在，一间间农家书屋从西北大漠到杏花江南，遍布全国各地，展现梦想之盛，星火正辉煌！前辈们的名字镌刻在梦想的丰碑上，熠熠生辉。我坚信，我们将像你们一样，筑书为家，传百年之希望；以梦为马，建明日之中国！

学　　校：安徽省池州市第十六中学
指导教师：叶丽娟

我的书屋·我的梦

◎黄思琦

以书为梦，人生才不会荒芜。

——题记

最令我印象深刻的地方就是爷爷家那间小小的书屋，那一本本书承载着我儿时的梦想，那种震撼心灵的感觉至今仍然留存。

食物之味，长食则厌；读书之味，愈久愈深。书架上大大小小、高高低低的藏书，是我最好的朋友。每次回到那间小小的书屋，我做的第一件事就是拿起一本书，坐在爷爷的老藤椅上津津有味地读一会儿。那种惬意简直无法用语言形容，在书中我不仅能学到很多知识，还能延续我在现实中无法实现的梦想。

中学时期，我喜欢在完成作业后，安安静静地坐在桌前阅读，一字不漏，犹如饥饿的猎豹大口吞食着美食。不知从何时起，我有了一个"坏习惯"：睡前必须读几页书，否则就觉得有什么事没做完似的，难以入眠。一个又一个漆黑的夜里，我贪婪地吸吮着书香，仿佛又回到儿时在爷爷家那间小书屋秉烛夜读的时光。那时，微风徐徐，一两颗星星嵌在夜空，我和爷爷的身影在灯光下忽明忽暗。虽然爷爷家的小书屋比不上大城市的图书馆，但它足以装下我的梦想。每当我在爷爷的小书屋里写作业开小差时，便会看到书桌上刻着的"勤奋"二字，然后提醒自己：书山有路勤为径，学海无涯苦作舟！

我是一个女孩子，家人觉得女孩子读书也大有用处。匡衡凿壁偷光，让我明白了求知路上虽然艰辛，但只要坚持不懈，就有成功的可能；苏轼道"会挽雕弓如满月，西北望，射天狼"，让我感受到他的豪情壮志，尽管仕途不顺，但他依旧没有放弃自己的理想；陶渊明说"结庐在人境，而无车马喧"，让我感受到他的淡然洒脱，不愿与世俗同流合污的高雅情怀。

小时候我给贫苦地区的孩子捐过书，其实我是舍不得的，但在妈妈的劝导下，我捐了我最喜欢的《小王子》。后来，妈妈给我发来视频，视频里是一个小男孩在读书。虽然他读起来很吃力，但他那欢喜的眼神是掩不住的，我不禁潸然泪下。

在信息爆炸的时代，贫困地区的小朋友却还没有书读，这是多么遗憾！我时常在想，什么时候我能用自己的双手和智慧，为贫困地区的小朋友建一所农家书屋。门上挂着"书香致远"四个大字，书屋无需太大的面积，但要干净明亮；无需精致的摆设，但要井井有条。书香弥漫整个书屋，环绕着每个读者。小朋友们可以静静徘徊在书与书之间，畅游在知识的海洋里，挑选自己喜爱的书。几名大学志愿者，当图书管理员，提供细心、体贴、周到的服务，给书屋增添温馨和希望。

感谢你，是你让我开阔了眼界；感谢你，是你见证了我的成长；感谢你，是你给予我精神慰藉；感谢你，是你为我的梦想护航。感谢你，我的书屋，我的精神小屋。

学　　校：福建省福州市盘屿中学
指导教师：陈　斌

我与农家书屋的一次邂逅

◎ 张诺棋

书是摆在床头的一片月光，我曾在无数个静谧的夜晚就着灯光，阅读那些智慧结晶，它们带我回望中华悠悠五千年，憧憬美好未来。

翻开回忆，我才发觉儿时读过的那些由卡片装订、只有零星几个字的简陋图书也很精彩。在我小时候，乡下没有图书馆，父亲拿着手机给我讲童话故事和历史故事。长大后，我来到城市读小学，父亲一有空就带我去福州大大小小的图书馆。我在图书馆里阅读大半天，然后抱回来一堆书，那是我一周中最快乐的时光。

前几年，我要回农村外婆家过暑假，正当我拿着一本本书往皮箱里放时，爸爸告诉我这次不用带书了，村子里有了一个农家书屋，可以满足我的阅读需求，还说像这样的农家书屋，目前已全面覆盖了福州的农村。那年暑假，除了流连于外婆家门口那条越来越清澈美丽的小溪和附近的青山竹林外，我和表弟表妹去得最勤的地方就是那个整洁、书香飘溢的农家书屋。书屋虽小，却窗明几净，充满了文化气息。除了能常常碰到儿时的玩伴，我还会看到一些头戴斗笠的农民叔叔，他们在地里忙完就直接来到这里，看书时的专注和快乐丝毫不亚于我。

书是我最好的朋友，我在现实生活中学习人生道理，在书中寻找诗和远方。书就像哆啦A梦口袋中的神奇小玩意儿，能打破时间和空间的限制，架起历史和未来的桥梁。在现实生活中，我无法领略霓裳羽衣舞盛开过的大唐盛世，伫李白、杜甫等伟大诗人墨袖挥过留下的诗，跨越千年给我留下无限遐想。我无法体验红军战士跨雪山过草地的艰难险阻，但埃德加·斯诺笔下红军战士鲜明、立体的形象，在我心中鲜活。我与书的作者一起回望历史，展望未来！

我相信农家书屋能带给农村小朋友同样的体验。我的爸爸小时候也爱看书，却苦于找不到书看，直到上大学才弥补了遗憾。与父辈相比，我们这一代农村儿童何其有幸！室雅何须大？农家书屋虽然不大，却是一方精神领地，承载了国家对我们新一代农村儿童的希望。

学　　校：福建省福州市第二十中学
指导教师：林文慧

我是书屋小管家

◎ 蓝道翔

夏末秋初，凉风习习，姐姐升入高中，我从她手中接任村里农家书屋小管家的职位。姐姐不舍离开，临行前，带我去书屋，做最后的交接工作。

农家书屋离村部不远，几面白墙，几扇窗户，几株油亮的绿萝，明亮、简约、整洁，装饰有我们畲族的凤凰图腾。书柜中，分门别类地摆放着各类图书。这样干净、舒适的阅读环境，让走进书屋的人平静下来，轻轻坐下，捧书阅读。

姐姐指着靠近大门的那张桌子："瞧见那些口罩、体温枪、免洗消毒液没？今后给来借书的村民测体温、做登记都是你的工作。疫情面前无小事，事事要牢记！"她拿起一块抹布一边擦拭书柜的玻璃门，一边介绍说："你看，现在擦拭的这一栏是农村经济类图书，前面那一架是党建类图书，后排还有法制宣传类图书，下边有许多小孩爱看的科普图书……你熟悉后可以给村民介绍。别看书屋小，它可是村民获取信息和知识的'加油站'！种植大棚蔬菜的王叔，就是书屋的常客。这里不仅有图书，还有光盘，能看网络视频，帮他省了不少事儿。"

　　我点点头，拿块抹布跟着姐姐擦拭。为了做个称职的书屋小管家，姐姐付出了很多心力——不仅要做图书借阅登记、贴书签，将书分类整理，保持书屋整洁，熟练操作图书管理系统，还要在周末、假期组织开展轻松有趣的阅读分享活动。

　　穿梭于各个书架之间，我发现书香弥漫在每一个角落。

　　书柜擦完，姐姐接着擦书桌："这桌子是退休的钟老师的，他年纪大，腰不好，整理书籍时，他负责分类，你个子高就负责一摞一摞摆放好。书屋开放时，来借书、还书的人特别多，除了你这个小管家，还有几个老党员、老军人，大家一起管理。"

　　"嗯。"我好奇地看着桌上的毛笔和砚台，浅淡的墨香使人心安，"这些是用来干什么的？"

　　"那是钟老师的宝贝。平常他在书屋教一些想学毛笔字的村民，逢年过节或碰上村民家中办喜事，来书屋请钟老师写对子的人可不少，到时人来人往，你可要说话清楚点，手脚麻利点！"

　　"人来人往？"我感到疑惑，"书屋难道不是安安静静的吗？"

　　姐姐笑了："书屋不是吵闹的，却是热闹的，人气旺着呢！现在村里家长工作忙，小孩回家后无人看管，三五成群，很喜欢来这儿看书，那几排科普图书和红色英雄故事书可抢手了！你可要好好维持纪律啊！"

　　我跟着笑，随手整理起桌上一沓红色封面的文件，里面是一些活动记录。

　　"那是村里开党会时的记录，党员学习活动也会定期安排在书屋。"姐姐说。

我想起来了，村里的党员干部经常组织读书分享活动，邀请志愿者指导排练红色诗歌参加乡里的表演，还在"七一"党的生日、"八一"建军节开展过主题电影播放活动，村里好多孩子那时的口头禅都是"保家卫国"。

红日西斜，霞光瑰丽。我给绿萝浇水，姐姐锁好门窗，将书屋的钥匙交给了我："以前，我是书屋小管家。现在，传你了。"我郑重地点头。

村里有了知识宝库，我骄傲；我是书屋小管家了，我自豪；青山绿水间，书屋指引村民走向幸福，我激动。我爱村庄。夕阳穿过高大茂盛的树木印在道路两旁，老房子的墙壁上绘着鲜艳的彩画，墨香书韵为村子带来新风尚。

学　　校：江西省赣州市大余县黄龙中学
指导教师：刘美蓉

山东／韩紫绮　绘

一隅山川收心底

——我的书屋·我的梦

◎赵高远

入秋转凉，捧上一杯温热半糖的奶茶，坐进书屋静静消磨一个下午，似乎成了我的常态。而常被大家笑称"住在运河岸边上"的运河书屋是我的不二选择。

第一次踏进运河书屋是因为好奇，在此之前，我"窃读"的地方通常是书店——席地而坐，看上两三个小时，常常腿麻到站不起来。书屋和书店一样吗？抱着一探究竟的想法，我戴好口罩，推门进去。映入眼帘的是两排整齐的座椅，两张雪亮的小白桌拼在一起，摆在大厅正中间。书柜靠墙而立，散着檀香的书架上整齐地摆着图书，不同颜色的封面在暖调灯光下给人以洁净感和神秘感。

这样美好的环境实在太吸引人。我挑了一本游记，选好座位便埋头穿越进远古森林。那天是周末，书屋给了我安静畅读的机会，驱散了一周的疲惫。我跟着书中主人公的步伐，折一枝积水凤梨当纪念，采一捧附生兰做标本，远远地看看菌丝体状的大王花，悄悄与一只树蛙打招呼……时间过得太快，当我从森林回到书屋时，窗外的天色已然一声不响地暗下去，时针指向六点。

此后每个周末我都直奔书屋，读了许多书，印象最深的当数《红楼梦》。小学时它是必读书目，当时我草草读过贾宝玉、林黛玉、薛宝钗三人的情缘便作罢，如今又见它，恰逢阴雨绵绵无法回家，便重游太虚幻境，放下书时已雨过天晴。说起老友重逢，与我相识七个春秋的鲁滨孙也不得不提。《鲁滨孙漂流记》唤起过许多孩子的航海梦，在书屋最里面一排书架上取下它时，带着腥味的海风就迎面吹来。

打开书页，我就进入了时空隧道，古今中外的悠悠岁月在眼前掠过，历史长卷铺展开来，仿佛先人占卜的龟甲在我面前重现，而传说中普罗米修斯盗取的火种，燃起绚烂的焰火，正供我取暖……我沉迷其中，难以自拔。书屋的藏书太丰富，妈妈催我回家时，我还要再读一两页。这时，橱柜中陈列的不再是书，更像是奇珍异宝。身旁的人不时发出的翻页声，则成了美妙的伴奏曲。

如此半年过去，我在运河书屋里收获的知识已在心中搭起一座高塔，在我迷茫时使我豁然开朗，在我难过时给我慰藉。小小一座书屋，却有着"温暖一城人"这样了不起的作用，更有吸引"三代同读"的魅力。

又是一年入秋时，我坐在家里的书桌前静默冥想——运河书屋的书桌上，还藏着我力争上游的梦想呢！

学　　校：山东省济宁市济宁学院附属中学红星校区
指导教师：王文清

书·孩童·梦

◎王芃霏

我喜欢长时间待着的地方是村里的图书室，小时候爸爸妈妈下班晚，我不敢一个人在家，放学后就在图书室等妈妈回家。

当时的图书室是小小的一间屋子，我喜欢这本翻翻那本翻翻，看见很多书就高兴。后来，慢慢长大，村里的图书室也变大了，我更因为这个图书室爱上了看书。尽管放学之后，我不害怕一个人在家了，但也总是先跑到图书室报到。看书也好，写作业也罢，我就是喜欢待在这里，每天和看管图书室的阿姨打个招呼，看她笑嘻嘻的样子，闻着图书室的书香。

月亮低垂，月光洒在郁郁葱葱的树叶上，树叶闪着银白色的光芒。而我就坐在院子里的大树下，身旁的小矮桌上摆着未看完的书。清风拂过，书页向后翻了大半，露出一张小小的书签，尘封已久的记忆打开，我回到孩童时期。

我在很小的时候就对书有一种别样的追求。听妈妈说，每天睡觉前我都要缠着她给我讲《安徒生童话》里的故事，每当她读到故事精彩处，我都会瞪大眼睛，一脸激动，而后睡得极为香甜。

一年春天，听说村子里添了许多休闲空间，有多媒体活动室、健身室、老年活动室……当然我最期待的还是图书室，当天就拉着妈妈一起去了那里。

图书室里的书真多！这是我的第一感觉。指尖拂过一排排崭新的书，停在一本我能看懂的注音版《安徒生童话》上。翻开第一页，时间如凝固了一般，我沉浸在书中，一直看到炊烟升起，才恋恋不舍地放下。大约一年后，在我的极力要求下，父母给我买了我想要的一大堆书，其中就有《安徒生童话》。那本童话书虽然我已经看过不下五遍，可是我仍然最钟爱它。我忘不了卖火柴的小女孩悲苦的命运，忘不了丑小鸭的转变，忘不了小美人鱼的纯洁善良……

至今，我仍记得看完《拇指姑娘》后，躺在床上辗转反侧，想象那位向巫婆求得拇指姑娘的老奶奶，发现拇指姑娘失踪后会是怎样的心情。一定是悲伤的吧？我甚至梦到，我变成一个可爱的小女孩来到老奶奶身旁，逗她笑，陪伴她，直到老奶奶去世。如果这样的话，那位孤独的老奶奶会不会开心一点呢？我还画出了梦里出现过的场景：奶奶抱着我，脸上满是幸福与满足。

夜渐深，风染上寒意。我不禁打了个寒战，回过神来，小心翼翼地把书签拿出来，夹在了《拇指姑娘》那一章，不知道这晚会做一个怎样的梦呢？

我不仅喜欢待在村里的图书室，还喜欢自己买书，我的零花钱基本上都用在了买书上。现在，我的书已从一纸箱增加到了一整面墙，我喜欢望着这面书墙发呆，回想自己看过的书中的精彩章节。我很喜欢看书，在看了许多书后也有了自己的小梦想——成为一名作家。我开始总结每本书的写作手法和妙处，这为我学习写作提供了不少启发。

上初中后，学习任务比小学更重，可孩童时期的梦依然在，我每天依然会在村里的图书室看书、写作业，这里是我梦想的种子发芽的地方，也是梦想茁壮成长的沃土。不仅是我，村子里许多哥哥、姐姐、弟弟、妹妹都喜欢这里，图书室的阿姨说这里是希望发芽的地方。我们都会飞向远方，为了心中的梦，为了祖国的未来！

学　　校：河南省焦作市第十中学
指导教师：郭莉莉

书屋随笔

◎向一涵

村子里，最热闹的地方是社区活动中心的健身区，最安静的地方是社区活动中心的书屋。

这个社区活动中心建成没多久，两层红白相间的小楼，伫立在路旁，格外醒目。楼前有一个标准化的篮球场，旁边有两张乒乓球台以及单杠、双杠等一些健身器材。活动区域还建了一座四角凉亭，盖着棕红色的琉璃瓦，亭子里设有几张长条凳，还有一副石刻的象棋盘。整个社区活动中心四周栽种了很多花草树木，高低相间，颇有几分古典园林的雅致。自打社区活动中心建成后，村里人的兴趣爱好悄然发生了变化。以前，干完农活、吃完饭后，人们大多聚在一起打麻将。现在，人们喜欢到社区活动中心来休闲娱乐。篮球场是青少年的最爱，追赶拦截，汗如雨下，尽显青春风采；乒乓球台是小朋友的最爱，往球台旁一站，不需要提前约，就有身高差不多的小朋友前来切磋球技了；健身器材区和凉亭则是老年人的最爱，一边照看活泼好动的孙子孙女，一边活动活动筋骨，和左邻右舍拉拉家常，两全其美。

不过，这个社区活动中心最吸引我的，还是二楼那个书屋。

与外面的热闹不同，走进书屋，我就仿佛进入了另一个世界：温馨、宁静。书屋的外间备有桌椅、沙发，还有一个饮水机，俨然就是一个干净整洁的客厅。走进里间一看，我愣住了，本以为健身区的人已经够多了，没想到这里也坐满了人。不过，仿佛没有谁注意到我，大家正埋首阅读。

书屋的三面墙都摆着书架，中间还立着两排，上面摆满了书。书架的每一排都有标签，图书按照文学、科普、农业等分类摆放。阅览区域的墙上悬挂着孔子、李冰、张仲景、袁隆平等名人的图像及事迹简介，让人心生敬意。

我选了一本《海底两万里》，找了一个位子坐下来。我的左边是一个小男孩，他用手指着图书上的字，嘴巴一张一合。我好奇地凑近一看，呵，原来他在读拼音版《程门立雪》。估计他有很多字不认识，只能靠拼读，又怕自己读出声，影响了周围的人。我靠近他，他竟没有察觉，小脑袋点个不停。

我朝后面看了一眼，是一位戴着老花镜的老爷爷，头发全白了。老爷爷发现我在看他，也抬头朝我看了一眼，额头上的皱纹挤在一起，眼镜搭在鼻梁上，一副老学究模样，碰到我探究的目光，竖起手里的《三国志》让我瞧。我又看向他的桌面，上面还有一本书和一个笔记本，这是怎么回事？桌上那本书正是我最近在读的《三国演义》，略一思索，我明白过来，原来老爷爷在研究《三国演义》和《三国志》的区别呀！

我又环顾了一下四周，发现我家隔壁的刘奶奶居然在织毛衣。只见刘奶奶戴着一副老花镜，看一眼书，织一下毛衣，有时还放下毛衣，对着书本数数计算，发现不对又拆了重织。怪不得村里人都夸赞她孙女身上的毛衣比买的都好看，原来诀窍在这里啊！我还发现，养殖能手孙叔叔在看《龙虾养殖技术》，李阿姨在看关于烹饪的书，比我高一个年级的黄珊珊姐姐在看成长类图书……

从书屋里走出来，温暖的阳光照在我身上，我闭上眼，展开手臂，深深地吸了一口新鲜空气，耳旁传来一阵喝彩声，篮球场上又有人进球了，真棒……

学　　校：湖北省天门市黄潭镇初级中学
指导教师：张彩霞

黑龙江 / 王　菡　绘

家乡的书香味

◎付文悦

2009 年建的那个图书馆已经破得不成样子了，里头的书沾满了灰，还发了霉。"以前是没有几个识字的人，现在文化水平高了，小孩却不是在家玩手机，就是到处撒野，真可惜了那些好书，满图书馆都是霉味。"爷爷无奈地对我说。

"我可以去看看吗，爷爷？"看着爷爷那无奈的样子，我询问道。

"好，好，现在就去。"爷爷高兴地起身，好似就在等这句话，不知从哪儿拿出图书馆的钥匙，带着我去搬书了。

一老一少去了那个几乎废弃的图书馆，搬回了一堆积满灰尘的书，虽然闻起来都是霉味，但爷爷看着我和这堆书，眼里是止不住的笑意——那是一个爱书之人发自内心的欢喜。

很久之后，我才知道，图书馆因为年久失修要被拆掉了，爷爷知道那些书一定"凶多吉少"，便鼓动自己的孙女来"挽救"那些书。

孔子云："逝者如斯夫，不舍昼夜。"几年时光一晃而过，那些书看完后就放在了老家，因为疫情，我这几年也很少回去。好在爷爷奶奶爱打电话，村里发生了什么事都会打电话告诉我们，让千里之外的小村子，始终活跃于我的脑海之中。

"告诉你们一个好消息，村里要修路了，听说还要修图书馆。"有一次，爷爷打电话来，兴高采烈地说。

"那可真是太好了！"我十分高兴，以前那条坑坑洼洼的水泥路，磕掉过我一颗牙齿，现在爸妈还把这件事当笑话讲。至于修图书馆，更是一件天大的好事了。

几个月后，爷爷打电话来询问我，可不可以把那些旧书捐给图书馆。

"当然可以。"我脱口而出，"完工了吗？是不是过年就可以回去看书了？"

"是的哟，村里可办了两件大事情。"爷爷自豪地说。

"一个是经济的基石，另一个是精神的殿堂。"我附和道。

过年的时候，一到老家，我就让爷爷带我去看看村里的图书馆。经过一条漂亮的小路，我看到一座外墙刷成白色的建筑物。透过窗户，看到里面坐着许多人。刚迈进门，一股淡淡的香味就包围了我。一个孩子拿着一本书一蹦一跳地冲向书桌，差点没刹住脚步要撞在我身上，竟然是小堂弟！他看到我，认认真真地叫了我一声"堂姐"，然后就坐到书桌前看书去了。

说起小堂弟，那可是一个名副其实的淘气包，上房揭瓦，下河摸鱼，调皮捣蛋的事情他全干过，是这附近有名的孩子王。平时是挺开心，可每逢考试，他就如临大敌。没想到这些书竟如此有魅力，让他从外面的"花花世界"回到了书桌旁。

爷爷小声对我说："开始是老师要求他们读书，没想到后面他们都迷上了读书，一个赛一个认真，怕是尝到读书的甜头了。"我赞许地点点头，图书馆弥漫着一股清香，跟以前的霉味大相径庭。"这是什么味道？"我问。"书香味。"堂弟半是认真半是开玩笑地说。如果不是在图书馆，我们差点笑了出来。

"你不觉得村里的风气变好了吗？"出了图书馆，我和爷爷在周围散步，他问。"确实，以前到处都是打扑克牌、打麻将的人。"我说。

"他们啊，看到孩子这么爱读书，怕影响孩子，干脆就不打啦！现在全村上下都弥漫着书香气。"爷爷对我说，"真的不一样了，图书馆有很多书都是外出打工的人捐的。"爷爷眼里是止不住的笑意，多年前是因为书，现在也是。

我也笑了，放眼望向远方，红色对联贴在家家户户，冬日暖阳倾泻在田野里。风来了，刮来一股清新的味道，这也许就是大家口中的书香味吧。

学　　校：湖南省岳阳市第九中学
指导教师：陈　颖

吹灭读书灯，一身都是月

◎李佳欣

携一缕书香成长，品百般滋味，赏大千风景。

———题记

在阳光灿烂的午后，捧一卷书，静静地立在阳光下。手指抚过泛黄的书页，里面饱含岁月的印记。书籍，永不过时；阅读，贯穿我的成长。

说起文学的书香，扑面而来的是哈桑那句"为你，千千万万遍"，是那追风筝的身影，是鲁迅先生对旧时代中麻木中国人的拼命呐喊，是林清玄先生笔下的清欢与禅意，是毛姆《月亮与六便士》中对理想的追寻……

谈起诗词的书香，它多了几分雅致，是《诗经》中于河畔采摘荇菜的窈窕倩影，是"接天莲叶无穷碧，映日荷花别样红"的夏日池塘，是"停车坐爱枫林晚，霜叶红于二月花"的秋季雅景，是"竹杖芒鞋轻胜马，谁怕？一蓑烟雨任平生"的豪气，是"黄鹤高飞，不坠青云之志；鱼翔浅底，常怀临渊之心"的坚定……

为了让农村孩子从阅读中汲取养分，从而获得追逐理想的动力，国家在广大农村建设农家书屋。通过阅读，我有了梦想，那就是成为一名作家，过那"吹灭读书灯，一身都是月"的诗意生活。

父亲在外地工作，妹妹尚年幼，家中的负担压在母亲身上。她的肩被压垮了，手掌沟壑纵横，面容日渐憔悴。为了减轻负担，我时常跟着母亲去干活，说是干活，不如说是去陪伴母亲更贴切。我常会手捧一本书，站在阳光下，站在飘来的花香里，享受静谧的读书时光。盛夏时节，农作物十分繁茂，地里的杂草也长得浓密。我每天都帮着母亲锄草，此外还要写作业，几乎不可能读书，可我还是放不下阅读，一个夏天下来，我竟见缝插针将梭罗的《瓦尔登湖》读完了，这算是我成长中的一件趣事了。

对于阅读，我并不是天生就有兴趣。第一次读到高尔基的"书籍是人类进步的阶梯"这句话时，我就开始思考一个问题：人为何要读书？对于这个问题，苏东坡给出了一个很好的解释："粗缯大布裹生涯，腹有诗书气自华。"读书，是真真切切于我有益的，它能使人"气自华"。在《论语》里，我读到"人不知而不愠，不亦君子乎"；在《离骚》里，我读到"不吾知其亦已兮，苟余情其信芳"，这些都让我明白了做人的道理。再者，读书使我了解世间百态，不做井底之蛙。以本我的视角出发和以超我的视角出发，看到的世界是不一样的。后者需要阅读后的沉淀，比前者视野更广阔，更具包容性。我在书中读到贫穷、歧视和灾难，变得更有同理心；我在书中读到理想、科技和未来构想，更明晰未来发展的方向，从而思考如何跟上甚至超越时代的步伐。读书，使我不断获得能量，踏上更高的阶梯，看到更远的风景。

　　我想成为一名作家，阅读不仅使我学到知识，给予我追逐梦想的底气，更让我潜移默化地修炼自己，促使我成为更好的自己。

　　愿每个人都能沏一壶清茶，点一盏小灯，伴随清风明月，在一个个寂静的夜晚，阅读那或轻快或浓重、或典雅或灵动的文字——这是一种幸运，更是一种幸福。

学　　校：湖南省永州市东安县白牙市镇崇德学校
指导教师：何　航

小小的"谷子"，饱满的梦想

◎钟家文

国庆，我们一家人坐车返乡，特地探访了那神秘的"谷子书屋"。从柏油路到水泥地，经过静静的水塘，我们看见一栋两层的火柴盒式建筑立在低矮的菜地和稻田边上——那就是"谷子书屋"，它散发着光亮，是照亮乡村的另一道风景。

我们来时天色微微向晚，这时的农家风光很特别。随着栋栋高楼建成，农村早已不是草房子和瓦房能代表的，有了城镇的风貌；不过，这里并无华灯与车流，只有一根根瘦路灯立在乡道两旁，菜地偶有人声与摩托车发动机的声音，更多的是安静与祥和，这些景象都衬托出"谷子书屋"的独特气质。

我们好奇地走向"谷子书屋"，只见门前有一个洗手台，地上铺着一块红木板，一位身材矮小但结实的老人收拾着木板上的书，想必他之前把书摊开来晒过。我们打过招呼，他压低沙哑的声音道："你们要是来看书的话就进来。"于是，我们同他一起进了屋。

这间30平方米左右的屋子里三面墙都摆了书架，厚薄不一的书摆放得很整齐。几个孩子坐在长木凳上埋头看书，那围棋黑子般的眼珠放射出光彩，脸上的表情随着书中的情节变化。他们屏息凝神，没有发觉我们的到来。旁边几个中年农民或站或蹲，手里捧着报纸或农业技术方面的图书，同样看得十分专注。惊叹之余，我从书架上抽下一本鲁迅的《呐喊》，刚才那个老人看了我一眼，又低下头，继续看他手中的书。

我们看了很久的书，屋里所有人都沉默且陶醉，像田头里随风轻晃的稻子。那个老人偶尔会用手赶一下飞虫，后来也不管了。那几个孩子，裸露的手脚上满是蚊虫叮的包，而他们屁股下的长木凳却从来没有"吱呀"过一声。整个书屋，只有细微的翻书声，就像飞鸟扇动翅膀的声音。

后来，我们放好书准备离开，那位老人跟了出来，看着我们说道："你们是从城里来的吧？那很远呐。"

"是啊，老人家，那您住哪儿呢？"

"我自己一个人住在对面山上。"

"您儿女呢？"

"我儿子到城里上大学了，他们年轻人该出去闯闯。"说完，他笑起来，"对了，你们看的那本《呐喊》，我儿子也很爱看。那时他总谈闰土，唉，闰土也是个可怜人呐，现在的孩子可不能走闰土的老路啊……"夕阳西下，那个老人的影子被拉长，他迎风眯起眼睛，仿佛在回味一段难忘的往事。

"老人家，您常来这'谷子书屋'吗？"

"嗯，自从我儿子走后，我照顾这书屋和孩子们两年多了。这是村委建的，我儿子也是在这儿看书长大的。看到孩子们读书，我心里也踏实，我相信他们将来会像内心充实饱满的稻谷一样，有知识，有梦想！"

我们敬仰地凝视他，他的身影变得伟岸；我们又望向屋里的孩子，他们那么专注，那么认真。此时，他们拼命地吸收着书中的甘露，像沙漠里的仙人掌一样顽强地生长。他们一定明白，地里的荒田可以用锄头来开垦，山边的蔓枝可以用柴刀劈开，但思想上的田地必须用书籍来开拓——田地的大小优劣未必是他们能决定的，但田里种什么却是他们能选择的！我闭上眼睛，隐约看见远方有几颗种子正要破土，正要萌发。

风，又吹过稻浪，我们准备离开村庄。回望那小小的"谷子书屋"，我又想起农民和孩子们读书时忘我的神态。此刻，我真挚地希望，在这样的山野乡村，每一颗稻谷都是饱满的，都拥有梦想……

学　　校：广东省肇庆市第五中学
指导教师：蔡国萍

我心中的美好书屋

◎冼星宇

"苍橙翠竹围书屋，不向人间说断肠。"这句诗描绘的正是我心中的美好书屋——九江吴家大院读书驿站。

绿树环绕着这个小小驿站，从天空中俯视，犹如碧海波涛中荡着一枚青螺。驿站周围的道路遍植大树，郁郁葱葱，隐隐还飘来玉兰花的香味。道路对面是连片的池塘，池塘上开着为鱼儿增添氧气的机器，一股股小型喷泉在阳光下制造出小小的彩虹，把驿站点缀得如同仙境。

我还没踏进读书驿站，只是靠近它旁侧的道路，燥热和烦嚣便被冲刷干净，心里生起朝圣之情——读书驿站是我心目中神圣的地方，容不得喧嚣。

你瞧，和我一样走在这"朝圣"路上的人们：背着双肩书包的青年、牵着小娃娃的妈妈、戴老花镜的老人，都屏息敛声、轻声慢步、目光清澈。来到读书驿站门前，即使互相不认识，大家都会用盈盈笑眼看向对方，微微点头致以问候——"行歌樵互答，醉卧客忘归。安得依书屋，开窗碧四围。"这情景让我想起唐寅的诗句，这来往的读书人不就似诗句中的"行歌樵互答"

吗？看来，这里不仅仅是我也是大家心里最美好最宁静的地方。

坐在读书驿站里，敞亮的窗户迎来白云，一片片绿叶在阳光下闪着光。窗下就是座位，常有青年在这儿自习，无论身边走过多少人，他们都专注于自己的书本，或做笔记或思考，不会因过路人的干扰而分心。在我看来，这就是书屋的魅力之一——它能让人凝神静读。

一排排书架、一卷卷书本、一张张书页，是我的最爱。尽管我行不足千里、足不及四洲，却能在这书页中思接千载、足履八荒，一位位出色的作家用笔墨给我展示了已成历史的过往、难以预测的未来和应当珍惜的现在，在九江吴家大院读书驿站里看书，就是在和许多高贵的灵魂对话。

九江吴家大院读书驿站，凭着典雅的形象、丰富的藏书、静谧的氛围，成为我心中最美的农家书屋。"我生天与山林相，不羡人间富贵花。折得幽芳顿何许，纸窗书屋伴煎茶。"这是我心中最美的生活。

学　　校：广东省佛山市南海区桂城街道桂江第二初级中学
指导教师：吴允文

南涧书屋，照亮了我的世界

◎潘璐瑶

曾经，我眼里看到的世界是冰凉的：冰凉的桌椅，冰凉的地板，冰凉的橱柜，冰凉的家，冰凉的人……灰色是这个世界最初的颜色。

在我一岁多时，父母就把我留在大寺镇南涧村奶奶家了。为了赚钱养家，父母去广东打工了，只有每年清明节和春节回家，有时连春节也不回来——听奶奶说，春节回来路费会翻倍，而如果留下来加班，工资会高很多。我一年能见到父母的时间少得可怜，我成了名副其实的留守儿童，对父母感觉很陌生。在很长一段时间内，我埋怨父母，埋怨父母生下我却狠心把我扔在这小山村。

我跟村里的大多数同龄人一样，每天放学后就玩手机，全然不知山外的世界，不知自己的明天会是什么样子。

直到有一天，大我一岁的堂姐拉着我的手，神秘地说要带我去一个地方，我才邂逅了南涧书屋。书屋就坐落在村委会的一间大房子里，这个地方我并不陌生，但我万万没想到这里还藏着一间书屋。

"嘎吱——"推开半敞开的酒红色木门，斑驳的阳光洒进来，整个书屋都弥漫着一种慵懒舒适的气息。淡黄色的墙壁上粘贴着励志名言，书屋管理员抬头微笑地看我一眼，轻声说："读小学吧？欢迎以后多来这里看书哦。"说完便继续低头做她的事情。书屋里，靠着墙摆放着铁质书架，书架上摆满了书，中间用几张木桌拼成大桌，木椅围了桌子一圈，几个小孩坐在一起认真地看书，一双双求知的眼睛乌黑发亮，看到精彩片段还会低声讨论。窗户旁有一张小圆桌，两侧放了配套的椅子，桌子上放了一盆生机勃勃的绿萝，一缕缕阳光透过窗户照射在书架上。我选好一本书，找一个角落安安静静地坐着，没有人打扰，那一方天地便是我一个人的世界。

不同书架放的书也不同，有少儿书、科技书、农科书……我来到摆放少儿书的书架前，看着排列整齐的《木偶奇遇记》《汤姆叔叔的小屋》《窗边的小豆豆》《草房子》《尼尔斯骑鹅旅行记》……它们开阔了我的视野，让我知道山外面的世界很广阔很精彩，让我心生向往。

从此以后，每天下午放学铃声一响，我就拿起书包和堂姐一起往书屋跑，生怕跑慢了书屋里就没有位子了，生怕看书的时间不够——书屋下午6点关门。一到书屋，我就填好登记表，来到书架旁拿出一本感兴趣的书，坐在椅子上静静地翻看，就像随手推开一扇窗，欣赏窗外的风景。常常是等到奶奶来喊我回去吃饭，我才依依不舍地离开书屋。沉浸在书的世界里，我的内心是那样安静愉悦。我不再为父母不回家而烦恼，也开始理解父母在外打工的艰难，懂得了年迈的奶奶照顾我的不易。我的心变得柔软起来。

书屋成了我的第二个家，我的梦想在这悄悄萌发，我相信唯有读书才是改变自己命运的最好办法。我不再沉迷于手机里喧闹杂乱的世界，而喜欢上了徜徉在书中的静谧世界。书屋是我的"幸福驿站"，一个农村小孩纯真的梦想在这里起飞。

后来，父母用打工挣到的钱在市区买了一套房子。我读初一时，去了城里读书，奶奶为了照顾我也来到城里。父母仍然在广东打工。受新冠肺炎疫情的影响，父母将近三年没回家。我牵挂他们的健康，每次跟他们视频通话，看到他们沧桑的脸、泛白的头发，心里就酸酸的。我希望自己快点长大，帮父母撑起这个家。我仍是一名留守儿童，但我的世界不再是冰凉和阴暗的。

心中有光，内心世界也亮起来、轻盈起来。不少往事随着时间流逝消散了，唯独南涧书屋里那个默默读书的身影时常浮现在我脑海。我不敢想象，如果不是遇到书屋，我会不会像一些留守儿童一样，沉醉在手机的世界里浑浑噩噩地虚度年华。南涧书屋抚平了我儿时灰暗的心绪，照亮了我的世界。

学　　校：广西壮族自治区钦州市第五中学
指导教师：黎翠红

湖北／国庆轩　绘

梦想，从这里起飞

◎屈　菲

我又梦见了农家书屋。

它静静地坐落在大寺镇屯妙村委的院落里：地方不大，小小的书柜里摆满了图书，散发着淡淡的墨香，阳光从窗外照进来，洒在几张干净的书桌上。地上立着一台大风扇，吹出凉爽的风。一群年轻人，翻阅着农业科技类图书，正在讨论着什么；还有一个小女孩，静静地坐在书桌旁，手中握着书本，津津有味地看着。那个女孩就是我，那是一个周末的午后，阳光明媚，一切都是那么美好。

小时候，我有一个梦想，那就是走出大山，走出这个小村庄，去见识外面的世界。但爸妈总是很忙，没有时间带我出去看看，我整天看到的除了山还是山，除了田还是田。后来，爸妈又外出打工，我只能在家和爷爷奶奶生活。我每天放学后还有做不完的农活，但我的梦想还在——我要好好读书，将来到外面的世界去看看，去走走我的父辈不曾走过的路！

这时，我听到了一个激动人心的好消息：屯妙村委的农家书屋建成并开放了。我高兴地向它奔去，从此爱上了阅读。农家书屋里，那一本本花花绿绿的书，就是我梦想的世界；在这个书籍匮乏的小村庄，农家书屋就是我梦想启航的地方。它虽然比不上城市里的书店，但它的藏书已足够让我打开眼界。书屋里有许多农业书，我学到了许多实在的东西，了解到许多地方的风土人情、人文景观和特色农业。

遨游在书中，我仿佛来到了新疆，看到了洁白的棉花田连绵向远山，品尝了甜美的哈密瓜；又好像身处江南水乡，看见渔民乘船出海，撒网捕鱼，鱼儿跳满船舱；犹如来到了岭南的农家瓜田地头，与农妇们采摘着果子，脸上洋溢着笑……

高尔基说"书籍是人类进步的阶梯"，我国古话也说"读万卷书，行万里路""读书破万卷，下笔如有神"……这些话讲的都是读书的益处。书，犹如我们日常吃的饭菜，让我们及时补充营养和能量，丰富我们的精神世界。

有一次，老师让我们写一篇有关家乡的作文。我写了家乡的变化：田野上长满金黄的稻穗，山坡上种了一排排果树，果树上挂满了硕果。放眼望去，甘蔗地里，一根根甘蔗直指天空，仿佛在酿造甜蜜的生活。村民们过上了美好的新生活。最后，我把家乡的变化归功于党和国家的好政策，归功于农家书屋。作文发下来，我得到了老师的表扬，老师夸我作文写得好，我高兴极了。

还有一次，爷爷种的橘树得了病虫害，叶子渐渐枯黄。爷爷很着急，不知怎么办才好。这时，我想起了在书屋里看过的一本书，里面有关于果树栽培和防治病虫的知识，马上去借了回来。按照书里面教的方法，我让爷爷买回农药，给果树喷洒。没过几天，奇迹发生了，病虫害被除掉了，果树长得更茁壮了。爷爷高兴地摸着我的头，说我了不起，真有办法。

正是这个小小的农家书屋，让我们农村人学到了文化，学到了技术，增长了本领，才建设出这么美丽的家乡。

现在，我已经考上镇上的初中。中考在即，时间紧张，但我周末回家，也不忘了去农家书屋坐坐。是它，承载我的梦想，教我不断去追梦，不断去完善自我。这里，是我梦想起飞的地方。

学　　校：广西壮族自治区钦州市大寺中学

指导教师：陈振伟

甘肃 / 李林嘉怡　绘

风吹稻香远

◎ 蓝静蕾

微风轻抚，稻浪涌动，稻香扑鼻，蛙叫蝉鸣，好一派丰收在望的景象！

清晨，迎着朝阳，我漫步在野花遍地的乡间小路，走着走着就来到那座建在金黄稻浪旁的农家书屋。微风拂过，阵阵稻香扑鼻而来，令人心旷神怡！我走向农家书屋——我的心灵伴侣，它承载着我的梦，那个现在看起来很遥远的梦……

小小的书屋，温馨而精致，成了我的精神家园。两年前的暑假，我迷上了它，每天第一个走进书屋，沐浴着朝阳，听着鸟儿欢唱，沉醉在知识的海洋。

有一天，这样的局面被打破了。当我如往常一样走进书屋时，却看到一个陌生的叔叔安静地坐在角落的一张沙发上，手里捧着一本厚厚的书，他正聚精会神地看着，好像周围的一切不存在似的。我也安安静静地坐在离他不远的地方看起书来，偶尔抬起头，看见那个叔叔右手托着腮帮，皱着眉头在苦思冥想。我不禁想：这个叔叔是干什么的呢？现在正是干活儿的时候，到底是什么书有这么大的吸引力？过了大约一个小时，他才起身，小心翼翼地把书放在书架上，静悄悄地离开了。

当他的身影在我的视线中消失，好奇心驱使我快步走向书架，拿起那本书，原来是袁隆平爷爷的《超级杂交水稻育种栽培学》。我把书放回原处，心里充满了对那个叔叔的敬意。

从此以后，我成了书屋的"千年老二"，来得最早的成了那个叔叔。我见他这样坚持了快两个月，直到暑假结束，我该返校读书了。

时间如白驹过隙，转眼几年过去了，我的家乡成为远近闻名的"水稻之乡"，这里因种植超级杂交水稻而闻名遐迩。

炎热的夏日午后，人们聚在安装了空调的小小书屋里聊着今天的幸福生活，脸上满是甜蜜的笑容，有人称赞："多亏了李专家啊！如果不是他，我们还过着苦日子呢！"我好奇地问："李专家是哪个人啊？"有人指了指角落里，我顺着那人手指的方向看过去，原来是那个叔叔！

通过和村民们聊天，我才知道，他不仅是专家，还是我们村的"水稻种植大户"。我定睛一看，他手里拿着的，还是那本《超级杂交水稻育种栽培学》。我按捺不住好奇心，走上前去问他："叔叔，您一直看这本书，不无聊吗？"那个叔叔一愣，说道："想要种好水稻就要了解水稻。随着时代发展，水稻种类也越来越多，比如袁隆平院士发明的超级杂交水稻，可不是一般的水稻，不读书学习，咋能把它种好呢？我小时候没条件，懂得不多，学得慢，忘得还快，只能不断学习，不然咋能跟上时代的步伐啊！"我又问："那您是怎么使自己富起来，甚至带动我们全村富起来的呢？"叔叔说："当然是种植水稻啊。

原本水稻产量不好，卖不了多少钱，所以我开始研究这本书，学习如何种植管理超级杂交水稻，也因此知道了袁隆平院士。抱着试试看的心态，我种植了超级杂交水稻，从种植到管理，每一步都按照书上的方法做，收成一年比一年好，大家的生活也越来越好了。"

乡村振兴，不能光看农民口袋里票子有多少，更要看农民精神风貌怎么样。改善农民精神风貌，提高乡村社会文明程度，焕发乡村文明新气象，这也许就是农家书屋存在的意义吧！

又一阵风吹来，依旧是那熟悉的稻香。风吹稻香远，可我的梦并不遥远！

学　　校：海南省文昌市蓬莱中学

指导教师：李艳华

梦忆竹书屋

◎ 张美龄

我独自穿行在竹林间，寻找一个地方，一个在梦中朦胧的地方。

有人叫我，我回头一看，竟然是奶奶。

"你怎么在这儿玩？奶奶找你找得可急了！"

我有些不可置信，只知道抱住奶奶不撒手，却不知道为何眼睛有些酸涩。

"来，奶奶带你去个好地方，这是奶奶给你准备的礼物哦。"奶奶拉着我的手，从指尖传来的温暖令我安心，手指上的一道道茧子那么熟悉。向竹林深处走去，我看见一座小小的竹屋；沿着青石台阶走上去，轻轻推开门，只见一排排整齐的书躺在书柜中，仿佛早已等候在此，等待一个人将它们唤醒。

"你一定要读更多的书，去看更大的世界。"奶奶说。

我笑着说："奶奶，等我毕业，一定要带着您去看祖国的大好河山。"

在竹书屋中，我虽只是坐在一个角落，却不妨碍我尽情地在书的世界里畅想。我读到了王维"明月松间照，清泉石上流"的山中之景，见到了杜甫"造化钟神秀，阴阳割昏晓"的泰山之景，听到了苏东坡"竹杖芒鞋轻胜马，谁怕？

一蓑烟雨任平生"的豪迈之语……尽管那时候我还不解诗中意，却深受感染。

时间有如白驹过隙。竹子愈发挺拔，我也长大了，奶奶却一点点老去了。我常常陪着奶奶在田间地头忙碌，替她擦去额上的汗水；奶奶会坐在台阶上仔细地听我给她讲故事，有时她还会带着炫耀的语气对亲戚朋友们说："我孙女给我讲故事，不错吧！"现在想想，大概因为奶奶不识字，没有读过书，没有出过远门，所以才会那样好奇又专注地听我讲述书中的故事吧！

风声四起，沙沙的竹叶声从耳中穿过，我同哥哥姐姐们一起在竹书屋中读着书。这时总会有一壶茶水、一份红薯干或一大块麦芽糖放在桌上，这些都是奶奶准备的。对于现在的我来说，这些都算不上什么美味，但对于那时囊中羞涩、难以买到零食的我来说，却是最为钟爱的食物。

茶点的香甜，不仅甜在舌尖，更甜在心头，让我在奶奶离去后的岁月里，只要想起在厨房忙碌着的奶奶的身影，就能感受到无比的温暖。但是，梦总有醒的时候，故事也总有结束的时候。因为太久没有修缮，瓦片时不时会掉下来，前几年，家中商量着将竹书屋给推了，重新改成耕地。就这样，连带着往日的时光和回忆，竹书屋被推倒在了一片瓦砾之间，我连将里面的书带出来的请求也没得到允许。

时至今日，我时常会梦回竹书屋，想起奶奶曾说的，想去祖国的大好河山走走。我常常觉得，我十分幸运，奶奶没有读过书，却尽她所能地为我创造读书的条件。现在，像奶奶那样读不了书的人越来越少，我们还有了越来越多的图书室、图书角、农家书屋，在这些地方，每个人都能享受阅读的快乐，能在书中探索另一个完全不同的世界。

奶奶，答应过您的承诺我不会忘记，虽不能和您一起去共览这盛世繁华，但我会带着您的那一份期望，带着竹书屋的回忆，继续向前。

学　　校：四川省泸州市合江县城关初级中学校
指导教师：邹讯洁

你是人间的四月天

——对农家书屋的赞颂

◎李佳栩

我说你是人间的四月天

文字充盈了乡村

知识在春的斑斓中旋转

你是四月晨曦中的云烟

摇曳在山间

空中弥漫着书声

风中闪动着书影

春风于窗边拂我面

那高山，那海洋，你是

古老的城墙、厚重的历史你承载

辽阔的草原、奔腾的骏马你呈现

你是纽带，庄严

你是乡村学子梦想的摇篮

航行中那盏明灯，你像

风浪中护航的水手，你是

静谧美好岁月，温暖着你托举的少年

你是一年一年的守候

是日月在朝暮间陪伴

你是爱，是暖，是希望

你是人间的四月天

学　　校：贵州省遵义市第五十五中学后坝分校
指导教师：宋晓兰

硝烟散去，唯有金色麦粒在闪耀

——"我的书屋·我的梦"喜迎党的二十大抒怀

◎钱映如

雨夜的呜咽总是到最后一刻才被释放，混杂着风的和弦与池塘的低语，攀过树的年轮，爬过瓦的斑驳。屋的帘仿佛被人轻轻扯起，拉开靠墙的一角，往里扔了一块小石头，打破了难得的静谧。

我从被窝中爬起，赤脚来到掩着一半的窗户前，雨后的冰冷瞬间让我清醒。我揉了揉眼睛，虽然没戴眼镜，但仍能清楚地看到：就在不远处的天边，就在山的那一头，就在火红的炽热扑面而来的地方，又升起了几缕炊烟，又有鸡鸣日升，又有锄地的声音，那是农家的笙歌！

"砰！"果不其然，一个扎着两条小辫、身穿脏兮兮的起球毛衣的女娃娃正张开大嘴，眉头紧皱，泪珠串挂在两颊，别提有多难看了！哭了一会儿，那女娃娃把泪哭干了，自己拍拍屁股，双手一撑便站了起来，转身向一处小瓦房奔去，留下一束野菊花在原地。

她踮起脚尖，双手扒着窗沿，虽说有了支撑，但要攀上一米多高的窗户对一个五六岁的小娃娃来说，多少还是有些吃力——更别提，还是一个打小就天天跑卫生院的女娃娃。自那之后，那间拥挤的书屋里多了一个扎小辫的身影，日复一日，直到女娃娃长到十岁被接到城里。

我回过神，太阳已经升起，新的一天又到了，依旧是周六。

像往常一样，父母要加班，整栋房子只剩我一人看守，原本想着画画来消磨时间，可外面轧过马路的车轮、燕雀展翅的声音扰乱我的心——我又回去了！

两小时的公交车，是以前外公带我到城里看望父母时才会破例搭乘的。如今，女娃娃长大后，公交车还是之前那辆，只是心情不同，人也变了。

下车后，我直奔山脚下那座我童年时的避风港，心绪才终于平和。

四年时间过去，那个书屋，我的精神驿站，一切都翻新了：墙刷了新油漆，顶换成了钢筋混凝土，原本容易让人摔跤的泥土路也被水泥路所替代。

我走进书屋，抬头望去，白墙被娃娃们的创造力所覆盖，如凡·高的《星空》一般绚烂梦幻。书柜也变大了，里面摆着一本本图书。历史的卷轴在这里被展开被传阅，红色题材图书的封面格外吸引人，融在它内部的红色精神更加耀眼！我不禁想到，山里一双双和女娃娃一样渴求知识的眼睛，能够在书屋得到满足，能够跨时空领略历史之光辉，是多么值得庆幸的事情。

"回家喽！"田间外公的呼喊声回荡，一顶破草帽盖住他的面庞，田埂上是一把老旧的铁锄，那就是劳作者的缩影。

他单手拿起一把麦子，高高举起，豆大的汗珠滴下，夕阳下晶莹剔透。

一墙之隔，一面是女娃娃，一面是劳作者，他们同生长在五星红旗下；一个被文墨吸引，一个用汗水织出天边的辉煌！

学　　校：云南省楚雄彝族自治州南华县南华民族中学

指导教师：罗志伟

让书香点缀似水流年

◎张鑫昌

我很喜欢读书，读书带给我无穷的快乐、丰富的知识，教给我做人的道理。

小时候，父母给我买了一些图书，我对书的认识就是从那时开始的，书让我认识了很多神奇、新鲜的事物。可惜因为条件有限，只有少数几本书在同学们之间传阅，我在整个小学阶段看的书不多。

当我踏入中学大门时，内心的欣喜难以言表，因为我不仅迎来了一个新的起点，更令我开心的是，我发现新学校附近的村委会里居然有个小书屋！

那小书屋成了我经常驻足的地方。每次来这里，我就会下意识地把呼吸放轻，生怕打破这份安静，惊扰了大家。走到书架边，细心浏览后，我小心翼翼地抽出一本书，默默地找个靠窗的角落坐下。翻开书本，低头赏阅，躁动的心慢慢地平静下来，烦恼的事情都悄然远离了。暖暖的夕阳从窗外斜射到书上，听着细微的呼吸声和书页翻动的声音，望着窗外被风带起又抚平的叶子，我的内心逐渐澄澈、明朗。

读过《爱的教育》这本书，我才明白教育的真谛。夏丏尊先生翻译这本书时说过这样一段话："教育没有情感，没有爱，如同池塘没有水一样。没有水，就不能称其为池塘；没有情感，没有爱，也就没有教育。"每当拿起这本书，读着书中的小故事，我感觉自己也在接受爱的教育。书中每一个故事，都把"爱"表现得淋漓尽致，大至国家、民族、社会的大我之爱，小至父母、师长、朋友的小我之爱，处处扣人心弦。"爱是什么"没有明确的答案，但在我看来，"爱"是一种包容，"爱"是一种力量，一种伟大的力量！

每次遨游在知识的海洋里，我都会发现它是那么浩瀚无边。而好的书籍是一艘航船，它会带我走得更远更好。

我爱读书，也希望更多人爱上读书，让书香点缀似水流年。

学　　校：云南省楚雄彝族自治州元谋县羊街中学
指导教师：杨世学

邂逅敦煌

◎姜雪莹

在我熟悉的那条小巷深处，有一间古色古香的书屋，弥漫着浓浓书香。

书屋不大，里面有一张木檀桌，一把藤椅，还有几个书架，书架上陈列着一本本引人入胜的图书。窗台上几盆绿萝生机盎然，阳光透过窗子斜洒进来，吊兰的影子便映在了书页上。

在这间书屋里，我最喜欢的便是余秋雨的《文化苦旅》。当时，我听说这本书要带着庄严而神圣的心情去读，心中不免产生一些疑惑。读完第一篇，我发觉眼里竟已满是泪水。或许是感动，或许是悲伤，或许是感受到余秋雨通过文字隐隐透露的对敦煌文物惨遭掠夺的深深无奈。

每个读过这本书的人，心中或许都有一份对敦煌文物被掠夺的凄苦、无奈。这些悲怆的情感一旦被激发出来，仿佛是积压已久的火山岩浆喷涌而出。

《沙原隐泉》带给我震撼，《夜雨诗意》带给我惬意，《道士塔》带给我心酸，《藏书忧》带给我风趣……读着这些篇目，我仿佛依稀看见，余秋雨如一个老翁，身披蓑衣，头戴斗笠，行走在古老的民族文化中，抚摩着那透着沧桑与无奈的残垣断壁，既像在仔细聆听它们的心声，又像是品尝痛楚。

对一个年过六旬的人来讲，品味这种深厚又古老的文化，是否太过凝重和沉闷？答案是否定的，仔细读这本书，这个困扰我很久的问题迎刃而解。这本书尽管渲染了一种苍凉、寂寥的古文化氛围，但作者并不是暮气沉沉的，反而处处有俏皮的一面，使读者在反省为何会遗失诸多文物的同时，不禁哑然失笑，这也是余秋雨写作手法的精妙之处。

读完这本书，我也犹如完成了一次文化苦旅，这段旅程考验人心。在这间书屋，我的收获颇丰，我庆幸在成长过程中能邂逅这间书屋。

我希望长大后能去敦煌工作，研究祖国的古文化，像樊锦诗奶奶一样将一生扎根在敦煌，守护千年文化瑰宝，为祖国作贡献。

我来到那条小巷，向着那条小巷的深处走去，向书屋走去，向梦想走去，向未来走去。

学　　校：陕西省商洛市洛南县华阳思源实验学校
指导教师：刘丹丹

广东／莫曜羽　绘

"感染"的力量

◎ 杜盼盼

　　进了村委会的大门，新上任的大学生村官小敏热情地打着招呼："今天迟了哦！"我心想，还有比我到得更早的吗？走入窗明几净的书屋，我就看见了同村的几个小伙伴和几位叔叔婶子。三叔有个养羊的合作社，他正在研究一本养殖类的书。二婶家里有果园，她拿着一本病虫害防治的书。老人家则更青睐书架上的报纸和杂志，戴上老花镜，如同老学究一样，正津津有味地翻阅着。

　　小敏除了完成日常工作外，对书屋很上心。国家对于农村、农业、农民的扶持力度很大，如何早日摆脱贫困、实现共同富裕就成了她最关心的问题。她每天像老师备课一样看书、查阅资料，并在第一时间解决村民关心或解决不了的问题。一个大学生村官，用知识、科技、爱心帮扶村民，关心孤寡老人的生活，解决果园的病虫害、牲畜的疾病，她的付出让我们对她肃然起敬。

　　她说，读书让懵懂的她变得成熟、稳重，让她学会如何做好大学生村官的工作。通过读书，她向群众传递正能量，解决他们的难题，丰富他们的农闲生活，她还让村里的孩子爱上读书，让留守儿童有处可去。

听了她的一席话，我感慨万千。跌宕的小说、潇洒的诗歌、飘逸的散文，都不及她发自肺腑的感言。我们村的村容村貌和村民的精神面貌，都在慢慢发生变化，足以证明她工作的价值和书屋的价值，我不禁想起杜甫的名句："随风潜入夜，润物细无声。"

自从有了书屋，书屋的灯光便照亮了小山村的夜，孩子们的欢笑声打破了村委大院的静谧，山村的夜不再孤寂，我们的生活也不再单调。自从有了书屋，农民对生活充满了希望，对脱贫攻坚有了自信，为共同富裕积蓄了力量。她，一个大学生村官，用自己的知识和智慧为群众办实事，我似乎看到了若干年后的村子不再贫瘠的样子，那时人们脸上洋溢着幸福的笑容。

学　　校：甘肃省天水市清水县红堡镇中学
指导教师：刘文文

书韵如画

◎苏文婷

青色斜砖铺为地，深木板块为台阶，白墙覆着青瓦，白得一尘不染，青得不食人间烟火。我拈着一颗素心，透过流年的山高水远，穿过喧杂的街头巷尾，踱步到这农家书屋，只为寻求一方乐土。

横看世间，是纸醉金迷、灯红酒绿的浮华；纵看历史，是一朝衰落、一代又起的变迁；回望这小小的书屋，"斯是陋室，惟吾德馨"，是与书相伴、馨香满庭院的满足。

清晨，我在清风吹拂下，随崔颢一道登高望远，看江水悠悠，白云飘飘；我与李清照一道"争渡，争渡，惊起一滩鸥鹭"，看天地苍茫间，一行白鹭的剪影移向远方；我与陶渊明一起"采菊东篱下，悠然见南山"，赏湛蓝的天色，嗅秋色中涌动的菊香……这典雅优美的唐诗宋词，是小小书屋中一道外是平仄格律、内是哲思哲理的风景。

正午，我捧出《红楼梦》，漫步于大观园中，一阵悠扬却充满愁绪的歌声清晰地传入我的双耳。歌声如南方艳阳天突然纷飞的大雪，凄凉且悲哀，抬头寻遍，目光流转，一位弱柳扶风的女子，与天空的花瓣浑然一体，花飘、泪流。我看到黛玉皱眉，亲手葬掉满地的哀愁；我看到湘云吟诗，口快吐真言的豪迈；我看到宝玉"都道是金玉良姻，俺只念木石前盟"的追求……这本精妙绝伦的《红楼梦》，是小小书屋中一道外是芳华尽绽、内含爱恨情仇的风景。

黄昏，我打开《离骚》，看着屈原站在汨罗江畔，身穿长袍，微风中扬起衣袖，腰间长剑冰冷，他却轻轻握住，纵身一跃，激起无数浪花，岸边的香草还挂着他的泪光。他本有着一颗热忱的报国之心，无奈楚王无能，佞臣当道，他只得用殉江来结束生命，留下"举世皆浊我独清，众人皆醉我独醒"的长叹。这本慷慨激昂的《离骚》，是小小书屋中一道外是哀愁愤恨、内含报国热血的风景。

深夜，我在书屋中挑一盏明灯，与保尔·柯察金一起战斗；和丽达一起看着懵懂的少年一步步成长，变得坚强；看布尔什维克经受那血与火的洗礼，与书中的人物同欢悲，与书中的情节共浮沉……这本成长励志的《钢铁是怎样炼成的》，是小小书屋中一道外是励志坚强、内含奉献精神的风景。

在这方小小的书屋中，花香四溢，茶香缭绕；执书绘梦，我心怒放。

学　　校：甘肃省平凉市庄浪县北城九年制学校
指导教师：景玉凤

让书香浸润在金银滩

◎ 郭毅博

我的家坐落在金银滩大草原上的安静小镇——西海镇。

这里是王洛宾先生《在那遥远的地方》这首名曲的诞生地，也是中国第一颗原子弹、氢弹诞生的地方。从巴燕峡一路向西，无边的大草原展现在眼前。苍穹碧蓝，湖泊翠绿，这里集结了大美青海的美景，这里的故事也为青海高原所独有。

"天苍苍，野茫茫，风吹草低见牛羊"是草原真实又奇特的写照。这里地广人稀，牧民以放牧为生，过着逐水草而居的生活。金银滩草原广大牧民的子女，阅读量非常有限，从书本中获得的知识也十分有限。

终于，在党的光辉照耀下，咱们海晏草原的村（牧）定居点，建立了一个一个小小书屋。听到这个消息，我十分高兴、自豪。

不久前，父亲带我去乡下，我好奇原本在街道上玩耍的小伙伴怎么不见了踪影，直到我发现他们都去了政府建的农家书屋。那些贪玩的小伙伴也在农家书屋里吮吸知识的甘露，之后在乡下的几天，我也跟着他们阅读。

作为草原的孩子，他们也想走出这片草原去看看外面的大世界，正如古话所说："读万卷书，行万里路。"我的小伙伴给我讲了这样一个故事：生长于青海省广袤草原上的牧民索南才让，只上到小学四年级就辍学回家放羊，因为一次偶然的经历，他喜欢上了文学，开始用笔描绘他所看到的草原、羊群、马鞭等事物，后来他的中篇小说《荒原上》获得鲁迅文学奖，他成为青海省第一个荣获鲁迅文学奖的牧民作家。听完这个故事，我不由得感慨："党的政策真好啊！"草原上的牧民儿女与生活在大城市的孩子相比，并不缺少那颗发现自然、观察自然和享受自然的童心，党的好政策打破了环境的约束，使得他们在求知路上没有"折翼"。

可别小看这小小的农家书屋，它承载着草原儿童的梦想和希望，让草原儿童的梦想乘风启航。我想，此刻小小的书屋内一定灯火通明，很多弟弟妹妹都在明亮的灯光下，吮吸那一本本书中的精华。想到这里，我的心中不由得涌起一股暖流，金银滩本就是片红色热土，如今，党的好政策来到这里，"两免一补"、危房改造、送教下乡、农家书屋、"百企联百村"、乡村振兴……无不鼓舞着生活在这里的人们。大家充满信心，向着美好生活继续奋斗。我相信，我们这群新时代少年也会不负众望，再次扛起"两弹一星"精神的大旗，为祖国的发展和振兴贡献自己的绵薄之力！

学　　校：青海省海北藏族自治州海晏县祁连山中学
指导教师：图布腾

新疆 / 刘瑞凯 绘

腹有诗书气自华

◎何语馨

> 书籍是全世界的营养品。生活里没有书籍，就好像没有阳光。智慧里没有书籍，就好像鸟儿没有翅膀。
>
> ——莎士比亚

小学时，我学过一篇课文，文中周恩来说"为中华之崛起而读书"。看见这句话，我迷茫了：我到底是为什么而读书？随着我逐渐长大，我的见识广了，我明白了读书的重要性：读书，使人胸襟开阔，豁达晓畅；读书，使人目光远大，志存高远；读书，使人增长见识，谈吐不凡；读书，使人心旷神怡，如沐春风。

我们建工二连有一间建在连部的农家书屋，书屋四面墙壁都是书架，上面摆满了各类图书。那里是我的乐园。每天中午或晚上，我都跑到那儿读书。故事书、历史书、科普书……随着年龄的增长，我读的书也越来越多了。

我最喜欢书屋中靠近窗户的位置，明亮的阳光照在散发油墨香的书上，照在我身上，也照在窗台那盆天竺葵上，静谧、美好。我经常会在心情不好或无聊时来这里看书，沉醉在书的世界里。每到下雨天，我会坐在书屋里，静静地看向窗外。这时，我心里非常平静，像屏蔽了外界的一切。

在这里，我结识了许多朋友，有天生喜欢冒险的鲁滨孙、聪明灵秀的贾宝玉、勇于追求平等和幸福的简·爱、博古通今的阿龙纳斯、忠义双全的关公……一个个鲜活独特的人物，在我脑海中留下了挥之不去的印象，他们的传奇经历也使我获得了人生启迪，让我对生活有了新的认识，使我的思想得到提升。在书屋改变我的同时，我也萌发了一个念头，即对书阐述我的观点，表达我的感想，描绘我的理想，做一个评书人，做一个联想者，做一个引导家。我的这个梦，是真实的，是可以实现的。

我的书屋，是我精神的支柱；我的语言，是我梦境的桥梁；而我的行动，是我筑梦的工具。有梦的我，不会让梦只是个念想，我要让梦面对真实世界。我相信自己的梦想，经得起困难的历练，相信书本，可以改变平凡的自己。

我的书屋梦，它可能是平凡的，但我可以因书而有梦，为梦而拼搏。

学　　校：新疆生产建设兵团第四师72团中学
指导教师：宋丽娟

墨香承载历史，书籍丰富精神

◎樊彦如

一日，我和同学一边嬉闹，一边走在回家的路上。不经意间，一座不起眼的建筑吸引了我。第二天，再次路过的时候，我忍不住好奇地走进去一探究竟，只见透着微光的屋子里，摆着成排的书架和琳琅满目的图书。一本泛黄的图书映入眼帘，我不禁好奇地打开它，靠在窗边入迷地读了起来。

那本书讲的是，老一辈兵团人如何将荒凉的戈壁滩建设成蓬勃绿洲。无数老兵团人众志成城，艰苦奋斗。一个个感人的故事、一段段艰苦卓绝的经历，明明白白地向我展示着，没有克服不了的困难。他们是兵团人，他们是军垦人。老一代军垦人天当被、地当床，开沟、挖渠、引水、造田。冬天寒风凛冽，干活时的汗水，冻在脸上形成冰疙瘩，又被脸上的汗水渐渐融化；夏天烈日炎炎，高温炙烤下，军垦人全身被汗水浸泡，没有一位同志喊过苦，叫过累！

他们就是在那样艰苦的环境中创造了当年开荒、当年生产、当年上交的奇迹。军垦人住的是地窝子，饿了，就啃一口窝窝头，累了就在树旁眯一会儿，浑身有使不完的劲儿，不知道什么是累，只知道要把这里建设得更加美丽。

靠着这超人的毅力和奋斗的豪情，靠着几代人的努力，茫茫荒漠变成了绿洲。

如今，这里高楼林立，绿树成荫，小朋友们在广场上蹦跳玩耍，大妈们跟着音乐欢快地跳着广场舞，老人们坐在凳子上唠着家常，还有叔叔阿姨们用手机与好朋友视频通话，在步行街旁边的烧烤店品尝着美味的食物……

书中，老一辈军垦人钢铁般的意志和胡杨般坚韧不拔的精神，牢牢地植根在我的心中。从那一天起，我决定在学习上刻苦努力，在劳动时不怕苦不怕累，在生活中为别人排忧解难……我的生活变得越来越充实，我变得越来越坚强！

改变了我的这间小小的书屋，依旧屹立在那不起眼的街角。

学　　校：新疆生产建设兵团第八师148团中学
指导教师：彭晶晶

湖南/任泽涵 绘

后 记

习近平总书记在致首届全民阅读大会举办的贺信中寄语少年儿童："希望孩子们养成阅读习惯，快乐阅读，健康成长。"2022年，围绕学习宣传贯彻党的二十大精神这条主线，中宣部印刷发行局组织开展了"我的书屋·我的梦"农村少年儿童阅读实践活动，通过"阅读、实践、写作、书画"等方式，激励引导农村少年儿童厚植爱党爱国爱社会主义情怀、树立强国复兴有我的远大志向，让农家书屋成为孩子们爱读书、读好书、善读书的精神乐园和第二课堂。

一年来，全国共举办阅读实践活动30余万场次，征集征文书画作品近40万篇（幅），经过层层推荐、优中选优， 本次活动共推选出优秀征文作品69篇，绘画作品68幅，手抄报作品60幅，硬笔书法作品91幅，软笔书法作品104幅。 这些作品都来自乡村大地，虽笔触稚嫩，但充满童真，以孩子的视野，勾勒了全面小康的壮丽图景和美好生活，饱含着对党对国家最朴素最真挚的情感，展现出新时代少年儿童昂扬向上的精神风貌。

本系列图书正是其中优秀作品的结集出版，由十三届全国政协文化文史和学习委员会副主任阎晓宏担任编委会主任，王岳、田华、朱培尔、任军伟、刘星保、刘晓凯、刘爱芳、闫珉、孙水、牟晓林、杜志兵、李飞、李潘、李伯洋、李琢玉、杨大禹、杨小军、杨广馨、杨再春、吴琳、吴双英、何玉麟、余晓捷、宋涛、宋强、张鹏、张艺群、陈迎新、林阳、洪勇刚、曹蕾、翌平、葛都、董伊薇、曾孜荣、窦志强、缪惟、薛静等来自宣传部门、出版单位、新闻媒体、教育和文化单位的同志担任图书编委。中国印刷技术协会、湖南少年儿童出版社的有关领导和同志们为作品征集评选和本书的顺利出版做了大量工作。山东省委宣传部、湖南省委宣传部、广东省委宣传部为优秀作品的展示宣传给予了大力支持。在此，向所有为本次活动的成功开展和本书的顺利出版付出了心血和汗水的同志及单位致以诚挚的敬意！